생애 첫
재테크 수업

돈 때문에
불안한 당신을 위한

생애 첫
재테크 수업

방지연 지음

MONEY

21세기북스

이제 더 이상 돈 때문에
불안하지 않다!

· 불안 때문에 돈에 관심을 갖다

나는 한 해 약 1,000명씩 5년간 5,000명이 넘는 분들에게 재테크 수업을 해온 강사이다. 하지만 나도 처음부터 재테크를 해야겠다고 생각했던 것은 아니다. 재테크라니, 듣기만 해도 나와 동떨어진 단어라고 생각했다. 오히려 나는 돈을 '잘 버는' 방법을 알고 싶었다. 왜냐하면 재테크는 이미 돈이 있는 사람들이나 할 수 있는 것이라고 생각했기 때문이다.

그래서 나 스스로를 키우면 돈은 자연스레 따라오지 않을까라는 막연한 생각을 하며 자기계발에 몰두했다. 그렇게 구체적인 계획도 대안도 없이 그저 공부를 하다 보면 뭐든 알게 되는 순간이 올 것이라는 기대를 품고서 수많은 강의를 듣고, 책을 읽으며 위안을 삼았다.

사실 나는 먹고사는 것에는 부족함이 없었다. 대단히 풍요롭지는 않았지만 그래도 먹고 자고 입을 수 있는 감사한 삶이었다. 그런데 왜 내가 그렇게 돈을 원했나 생각해보니, '불안' 때문이었다.

맞다. 나는 늘 불안했다. 숨만 쉬어도 돈이 들어가는 무서운 세상인데, 삶을 살아가는 데에는 단순히 먹고 자고 입는 것 이상의 것들이 필요했다. 그 필요를 충족시킬 수 있는 유일한 수단은 '돈'뿐이니까.

내가 가진 돈으로 오늘 하루를 사는 데는 문제가 없었다. 하지만 난 미래를 살아가야 하는 존재이기도 하다. 나의 시간을 노동과 맞바꾸며 살기에는 내 몸도 시간도 유한했고, 그렇게 평생 나자신과 돈을 등가교환하는 삶만 살다가는 집 한 채 소유하기도 어려울 것이라는 불안감이 매일 나를 엄습했다.

재테크, 생각보다 어렵지 않았다!

그래도 삶이 신비로운 건, 내가 무언가 알고자 하는 마음을 품으면 당장에 답이 주어지지는 않더라도 그 문제를 풀 수 있는 환경으로 나를 밀어 넣어준다는 것이다. 내가 돈을 원하기 시작하자, 예상치 못한 기회가 찾아왔다.

불안감을 줄이고자 계속해서 책을 읽고 자기계발에 몰두하던 어느 날, 우연히 인문학 강의를 들으러 갔다가 강의할 사람을 뽑는다는 말을 듣고 그 회사에 입사하게 되었다. 사실 그때까지 나는 영어를 가르치는 강사였다. 그런데 운명처럼 그곳에서 재테크 강의를 담당하게 되었다. 다시 생각해봐도 내 인생 경로가 이상하지만, 아무튼 나는 그렇게 갑자기 재테크 강사가 되었다.

강의에는 꽤 자신이 있었지만, 분야가 전혀 다른 일이라 이론 공부는 물론 실전 경험까지 쌓아야 해서 시간이 어떻게 흘러가는지도 모를 정도였다. 그때부터 꼬박 5년이라는 꽤 긴 시간 동안 '재테크'라는 이름으로 수많은 사람들을 만나고, 나 스스로 직접 재테크의 과정들을 경험하면서 알게 되었다. 재테크가 아주 막연하고 어려운 것만은 아니라는 사실을 말이다.

하지만 내가 만난 수많은 사람들은 어디서부터 어떻게 재테크에 다가가야 하는지 어려워했다. 시중에 그렇게 많은 재테크 책과 강의들이 수두룩했지만, 여전히 "뭘 사야 할지 모르겠다"며 '오르는' 투자처를 찾아 헤맸다.

재테크가 어려운 이유는 애초에 접근 방식이 잘못되었기 때문이다. 이 오류를 바로잡지 않으면 누구든 평생 재테크에 있어 제자리걸음만 걸을 수밖에 없다. 제대로 된 재테크는 '무엇을 사야 하는지'가 아니다. '무엇을 살 수 있는지'이다.

실제로 내가 가장 많이 받는 질문은 "뭘 사야 해요?"인데, 그렇게 묻는다면 전문가든 비전문가이든 누구나 답할 수 있다. 이렇게 말이다. "대한민국에서 가장 입지 좋은 서울 강남구의 아파트를 사시면 됩니다." 하지만 내가 그렇게 대답하면 다들 실소를 터트

린다. 서울조차 진입하기 힘든 마당에 무슨 강남이냐면서 말이다.

얼마 전 친구가 투자 소스를 알려주지 않는다면서 서운함을 내비쳤다. 나는 그 친구의 수입이 얼마인지도 모르고, 보유하고 있는 자산이 얼마인지도 모른다. 즉, 투자 여력이 어느 정도인지 전혀 모른다는 뜻이다. 따라서 그 친구가 재테크를 통해 추가적으로 현금흐름을 원활하게 만들고 싶은 것인지, 아니면 시간은 좀 걸리더라도 나중에 더 큰 수익을 원하는 것인지 나는 모른다. 하다못해 현재 새어나가고 있는 돈만 막아도 절약되는 돈은 없는지 등 아무런 정보가 없다. 이런 상태에서 과연 소위 '좋은 투자처'라는 것이 의미가 있을까?

재테크는 그것이 금융 상품이든 부동산이든 단순히 무엇에 투자하는 행위가 아니다. 오히려 그 투자를 위해 현재의 나를 직시하는 행위이다. 이 전제부터 바로잡지 않는다면 재테크는 로또와 다를 바가 없다.

기계가 정해준 번호를 부여받고, 그것이 당첨되길 바라면서 대박을 기대하는 것. 분명 대박은 존재하지만 결코 내 인생에는 일어나지 않는 것. 내가 할 수 있는 것은 돈을 내고 로또 종이를 구입하는 것뿐, 그 외에는 아무런 주체성도 가질 수 없는 것. 그렇게 기계가 준 번호를 믿고 기다리다가 역시나 나는 안 된다며 그 종이를 찢어 버리고는 다음 주가 되면 똑같은 행위를 반복하는 것. 적어도 재테크는 이런 것과는 달라야 하지 않을까?

저성장 시대, 재테크는 생존의 무기다!

현재 은행에 1억 원이란 큰돈을 맡겨도 1년에 100만 원밖에 못 받는다. 그래서 은행에 저축(貯蓄)하면 돈이 쌓이는 게 아니라 녹아내린다고들 하는 것이다. 대체 왜 이렇게 되었을까? 우리나라가 저성장 사회로 변했기 때문이다. 과거 고성장기에는 열심히 일해서 저축만 하면 고금리라서 누구나 부자가 될 수 있었다. 하지만 이제는 물가보다 낮은 금리를 이겨내고 돈을 불릴 재테크를 하지 않으면 살기 힘든 시대가 되었다.

게다가 100세 시대를 맞아 긴 노후를 위해 더 많은 돈이 필요해서 돈 관리를 하지 못하면 생존 자체가 어려워졌다. 과거에는 단기간 요행으로 부자가 되었더라도 마음 편히 지낼 수 있었지만, 100세 시대의 긴 노후를 살아가려면 진짜 재테크 실력이 필요하다. 이제 더 이상 재테크에 단기 속성반, 족집게 도사는 없다. 우리 모두 생존 무기로써 재테크를 평생 할 수 있는 자기 실력을 키워야 한다.

내가 이 책을 집필하게 된 것은 그동안 아무리 자산 관리 방법과 투자 공부법에 대해 이야기해도 실제로 그것을 실천하지 않고 불안한 삶을 꾸려가는 사람들을 보며 안타까웠기 때문이다. 그들에게 필요한 것은 당장 무언가에 투자하는 방법이 아니다. 먼저 현재의 자신을 직시하여 목표를 세우고, 자산 상황을 점검하며 재정적 방향성을 잡아가는 것부터 시작해야 한다. 더불어 꾸준히 공부하고, 부자들의 생각법을 배워서 부자의 길로 들어설 수 있어야 하는 것이다.

따라서 이 책은 당장 재테크하여 큰돈을 버는 스킬을 알려주지 않을 것이다. 그보다는 '부자가 되는 첫 시작'에 대해서 차근차근 들려줄 것이다.

현재 나는 큰 부자나 자산가는 아니다. 하지만 점점 부자가 되어 가고 있는 중이라고 자신 있게 말할 수 있다. 재테크를 통해 월세도 받고 있고, 꾸준히 시세가 오르는 부동산도 소유하고 있으니까 말이다. 물론 현재 자본 소득만으로 삶의 모든 것을 감당할 수 있을 정도는 아니지만, 투자한 것들이 나를 받쳐주고 있으니 한결 편안한 마음으로 노동 소득을 일구어가고 있다. 무엇보다 가장 큰 소득은 더 이상 돈에 대한 막연한 불안감이 없다는 점이다.

재테크의 지읒 자도 모르던 나도 시작했고, 수많은 사람들의 부의 시작을 도왔다. 올바른 방향성을 가지고 재테크를 시작한다면 누구나 돈에 대한 막연한 불안감에서 벗어나 지금보다 나은 삶을 누릴 수 있는 것은 분명하다.

다른 누구보다도 내가 사랑하는 지인들이 돈에 대한 막연한 불안감에서 해방되길 바라는 마음으로 이 책을 썼다.

나아가 돈을 모으고 싶지만 어디서부터 어떻게 시작해야 할지 모르는 초보 투자자, 마음은 늘 재테크를 하고 싶지만 두려워 행동하지 못해 답답한 사람들, 현실 속 돈 관리의 방향성을 미리 배우고 싶은 사회 초년생, 결혼과 출산, 퇴사 등 인생의 변화를 맞이하고 다가올 노후를 준비하는 30~40대 여성들에게 이 책을 추천한다.

이 책은 총 4장으로 구성되어 있다.

1장 '재테크로 그려보는 장밋빛 미래'에서는 부자가 되기 위해서 가장 기본적으로 선행되어야 하는 재정적 목표 설정에 대해 다루고 있다.

2장 '아무도 이야기해주지 않는 진짜 재테크'에서는 자신의 현재 상태를 스스로 진단하는 방법을 소개하고 있다. 나의 돈 흐름을 한눈에 파악할 수 있는 가계부 작성법, 나에게 도움이 되는 경제 전문가를 분별하는 안목, 삶에 필수적이지만 많은 돈이 쉽게 새어나가는 보험료를 분석하는 방법 등을 통해 나의 자산 상태를 파악하고 올바른 재정적 방향을 잡을 수 있게 도와준다.

3장 '지속 가능한 재테크를 위한 공부'에서는 투자 실전 경험, 레버리지 활용법, 올바른 절약법 등과 같이 지금 당장 알아야 하는 현실적인 재테크 공부와, 독서, 경제 신문 읽기, 사람 공부처럼 장기적으로 지속해야 하는 공부를 나누어 설명하고 있다.

4장 '부를 키우는 부자들의 생각법'에서는 부자가 되기 위해 근본적으로 지녀야 하는 생각에 대해 살펴보고, 그 생각의 힘으로 부를 이루는 방법에 대해서 소개한다.

비록 백신이 나왔지만 1년 넘게 코로나19 사태가 장기화되면서 세계 경제가 위태로운 날들이 계속되고 있다. 이제는 그 누구도 미래를 예측하기 어려운 시대가 되었고, 돈에 대한 불안의 강도는 그 어느 때보다 훨씬 더 강해졌다. 하지만 이럴 때일수록 올바른 재테크가 필요하다. 내가 왜 불안한지, 어디가 아픈 것인지 진단할 수 있다면 그때부터 자산 치료를 시작할 수 있다.

여러분이 제자리걸음을 멈추고 한 걸음을 떼어 미래를 향해 나아가는 데에 이 책이 작은 시발점이 되기를 희망한다. 나는 여러분의 재테크 수업 친구가 되어 그 걸음을 함께하고 싶다.

방지연

1장 •••
재테크로 그려보는
장밋빛 미래

2장 • • •
아무도 알려주지 않았던
재테크의 출발선

3장 •••
지속 가능한
재테크를 위한 공부

4장 ● ● ●
부를 키우는
부자들의 생각법

1장

재테크로
그려보는
장밋빛 미래

생존을 위한 재테크?
행복을 위한 재테크?

자유에는 돈이 필요하다

사람이라면 누구나 '자유'를 갈망한다. 자유라는 것은 '외부적인 구속이나 무엇에 얽매이지 아니하고 자기 마음대로 할 수 있는 상태'를 의미한다. 우리는 시간적으로, 그리고 정신적으로 자유를 원하고 있다.

이 전제가 가능하려면 자본주의 사회에서는 '돈'이 그 중심축을 이루고 있다는 사실을 누구도 부정할 수 없을 것이다. 모든 것이 조화롭게 이루어진다면 좋겠지만, 돈이 없으면 그 어떤 것에서도 자유로울 수 없다는 사실을 직접적이든 간접적이든 모두가 경험으로 잘 알고 있다. 따라서 우리 모두가 원하는 진정한 자유를 얻기 위해서 선행되어야 할 것은 우선 경제적으로 자유로워지는 것,

즉 돈으로부터의 해방이다.

문제는 그 방법을 알기가 쉽지 않다는 것이다. 학창 시절 학교에서 '경제' 과목을 배우긴 했지만, 그 이론들이 내 삶에 실질적으로 돈을 창출해내는 정보라고 말하기는 어렵다. 그래서 우리는 자유는커녕 여유만 있어도 좋겠다는 심정으로 이런저런 돈 공부를 시작해보지만 늘 어디서부터, 어떻게 시작해야 할지 막막하다.

무작정 절약하자니 힘들기도 하고, 이것 말고 다른 방법이 존재하는 것 같기도 하다. 그래서 어딘가에 투자하여 큰 수익을 냈다는 지인들의 이야기나 광고에 귀를 기울여보지만 이게 과연 나도 할 수 있는 영역일까 두렵기만 하다.

돈 때문에 매일 불안한 사람들

내가 재테크 강사로서 5년간 5,000명이 넘는 수강생들을 만나면서 주목하게 된 키워드는 '불안'이었다. 많은 분들이 돈에 대해 고민하는 내용들은 크게 다르지 않았다.

"들어오는 돈은 빤한데 나가는 곳이 많아서 불안하다."
"아무리 노력해도 돈이 모이지 않아 불안하다."
"돈이 어디선가 자꾸 새는 것 같아 불안하다."
"집값이 이렇게 비싼데 과연 내 집 마련이 가능하기는 할까 불안하다."

"아이들이 점점 커 가는데 사랑하는 아이들을 위한 교육비가 부족할까 봐 불안하다."

"노후 준비를 어떻게 해야 하는지 몰라서 불안하다." 등등.

우리는 이렇게 매일매일 불안에 압도된 삶을 살아가고 있다. 이렇게 불안에 맞닿아 있는 사람들이 책이나 강의를 통해서 재테크에 대해 공부하기 시작한다. 하지만 실제로 삶이 변화하는 사람은 극히 드물다는 사실이 늘 마음에 걸렸다.

물론 책 몇 권 읽고 강의 몇 번 듣는다고 해서 인생 역전이 쉽게 이루어지지 않는다는 것을 나도 잘 알고 있다. 그래도 배운 내용을 하나씩 실천하면 적어도 매일 불안감을 끌어안고 살지는 않아도 되는데……. 왜 사람들은 변함없이 불안하게 사는지 답답하기도 하고 궁금했다.

그래서 나는 사람들의 고민을 거꾸로 탐색해보기 시작했다. 그랬더니 다음과 같은 4단계의 패턴을 반복하고 있음을 발견할 수 있었다.

step1. "부자가 되고 싶어요."

(간혹 '부자'라는 단어 자체에 거부감을 가진 사람도 있었지만,
사실 돈에 있어서의 결론은 거의 이것으로 귀결된다.)

step2. "돈 버는 방법을 모르겠어요."

step3. "재테크 공부를 하려고 했더니 주식, 부동산 등
종류가 너무 많아서 무엇이 좋은 방법인지 모르겠어요."

step4. "도대체 저는 어디서부터 어떻게 시작해야 하나요?"

그동안 수업에서 만난 대부분의 수강생분들이 이런 패턴을 따라가고 있었다. 재테크에 관심을 가지고 강의를 들으러 오는 분들도 이런데 다른 분들은 더 심할 거라는 생각이 들었다. 어떻게든 그들을 돕고 싶었다.

지금 세상에는 이런 고민들에 답을 주는 수많은 정보들이 흘러넘친다. 그러나 그 많은 정보들 중에서 무엇을 취해야 하는지도 모를뿐더러, 설령 어떤 것을 선택하여 그 방법을 배운다 하더라도 지속성이 없는 경우가 대부분이다.

특별한 간절함을 지닌 사람이 아니고서야 익숙함의 관성을 끊어 버릴 수 있는 사람은 많지 않다. 지속성이 없다는 것은 곧 제자리걸음을 한다는 뜻이다.

이런 발견을 통해 내가 깨달은 것은 좋은 정보를 얻고 특정 방법을 배우는 것도 중요하지만, 그것을 삶에서 지속적으로 실천하는 태도가 선행되어야 한다는 사실이다. 그래야만 재테크의 가치

를 근본적으로 체득하여 우리의 삶을 변화시킬 수 있기 때문이다.

당신은 어떤 부자가 되고 싶은가?

내가 재테크 강의에서 부자가 되고 싶으시냐고 물으면 99% 이상의 분들이 그러길 원한다고 대답한다. 그래서 "왜 부자가 되기를 원하시나요?"라고 물으면 "돈에 구애받지 않고 원하는 삶을 살고 싶기 때문이에요"라는 대답이 대다수이다.

중요한 것은 여기부터이다. "그럼 돈에 구애받지 않고 하고 싶은 것을 하는, 그 '원하는 삶'이 무엇인가요?"라고 묻는다. 그러면 공통적으로 나오는 답변이 "내 집이 있고, 원할 때 언제든지 가족과 함께 여행을 가고, 내가 하고 싶은 일을 돈 걱정 없이 마음껏 하는 것"이라고 한다.

그럼 또다시 그 답변에 이어서 "그것을 하기 위해 필요한 액수는 얼마인가요?"라고 물으면 대부분 "거기까지는 생각해본 적이 없다. 많으면 많을수록 좋다" 등의 막연한 대답을 한다. 좀 더 구체적인 답을 듣고 싶어 자꾸 질문을 파고들면 급기야는 "너무 돈돈돈 할 생각은 없다. 뭐 대단한 부귀영화를 바라는 게 아니다. 그냥 편안하게 사는 정도를 원한다"라고 하면서 골치 아픈 듯 더 이상 내가 묻지 못하도록 나의 질문을 잘라 버리는 분들이 많다.

우리는 모두 다른 환경에서 태어났고, 다른 생각을 하며 다른 삶을 살아왔다. 그래서 사람마다 '부자'의 의미를 다르게 정의한다.

《돈의 속성》의 저자이자 스노우폭스 대표인 김승호 회장처럼 순자산이 1조 원 정도는 되어야 한다고 생각하는 사람이 있는가 하면, 1억 원짜리라도 빚 없이 온전히 나의 소유로 된 집을 가지고 있다면 부자라고 느끼는 사람이 있다. 즉, 각자가 생각하는 부자의 조건이 모두 다르다.

단지 '돈이 많았으면 좋겠다', '편하게 살고 싶다' 또는 '부자가 되고 싶다'라는 막연한 생각만으로는 어디에도 다다를 수 없다. 목표가 불분명하면 부자가 될 수 없다.

이와 관련된 일을 나도 겪었다. 친구가 집에 놀러 오기로 했던 날에 있었던 일이다. 나는 친구에게 "올 때 맛있는 거 사와"라고 반 장난삼아 이야기했는데, 친구가 "맛있는 거? 어떤 거?"라고 반문했다. 하지만 특정한 무언가가 먹고 싶었던 것은 아니어서 "그냥 아무거나"라고 대답했다. 그러자 무엇을 사가야 할지 난감했던 친구는 "'아무거나'라는 메뉴는 없어. 먹고 싶은 걸 주문해"라고 말했다.

하지만 끝까지 생각나는 메뉴가 없었던 나는 "그냥 네가 먹고 싶은 걸로 사와"라고 이야기했다. 그날 내 친구는 본인이 제일 맛있다고 생각한 치킨을 사왔다. 사실 무언가 내 취향에 꼭 맞는 메뉴까지 기대한 것은 아니었지만, 크게 실망할 수밖에 없었다. 나는 대한민국에서 드물게 치킨을 좋아하지 않는 사람이기 때문이다.

부자가 되고 싶은 이유부터 찾아라

이렇듯 자신이 원하는 것이 무엇인지 확실하게 말하지 않으면 그것을 얻을 수 있는 가능성은 희박하다. 내게 맛있는 메뉴가 무엇인지 나 자신만이 알 수 있듯이, 내가 부자라고 생각하는 조건 역시 나 자신만이 정의할 수 있다. '부'라는 것은 절대가치가 아니기 때문이다.

그러므로 우리가 부자가 되기 위해 가장 먼저 생각해봐야 하는 것은 다짜고짜 어떻게 재테크를 하는지에 대한 방법론적인 공부가 아니라 '내가 원하는 것이 무엇인지?'에 대한 고민이다. 이것을 수많은 자기계발서에서는 '목표 설정'이라고 정의하고 있다.

어떤 공부를 할 때 그것에 대한 본질부터 접근하지 않으면 쉽게 무너져내리고 만다. 재테크를 공부하는 데에 있어 인생을 거시론적 관점으로 점검할 필요까지는 없겠지만, 적어도 내가 왜 돈을 원하는지 그리고 얼마만큼의 돈을 원하는지를 알아야 그다음 단계를 지속할 수 있는 기반이 생긴다.

내 강의를 듣고 성공한 극소수의 사람들은 자기 자신이 무엇을 원하는지 명확히 알았기 때문에 자신의 삶을 원하는 대로 만들어나갈 수 있었다.

우리는 왜 돈을 버는가? 단순히 먹고살기 위한 생존 수단으로써 돈을 원해서인가? 아닐 것이다. 우리가 부자가 되길 바라는 이유는 결국 행복하게 살기 위해서이다. 그리고 행복의 기준은 사람마다 다르다.

내가 바라는 진짜 행복의 기준부터 찾지 않는다면, 제 아무리 좋은 재테크 방법을 찾아도 그것을 지속시킬 수 있는 힘이 부족하다. 또한 계속 재테크에 관한 지식 소비만 하면서 책과 강의를 찾아다닐 뿐 삶은 전혀 나아지지 않을 것이다. 진짜로 부자가 되기 위한 첫걸음은 내가 부자가 되고 싶은 이유를 찾는 것, 그 이상도 이하도 아니다.

우리나라 속담에 "천릿길도 한 걸음부터"라는 말이 있다. 무슨 일이나 그 일의 시작이 중요함을 이르는 말인데, 무엇을 원하든 첫발을 잘 내딛어야 그 길목에 들어설 수 있다. 우리가 가고자 하는 곳은 동해바다인데 서쪽으로 발을 떼어 걸어가기 시작한다면, 아무리 꾸준히 쉬지 않고 걸어간다 한들 결국 바라는 목적지에는 영원히 도달할 수 없는 것과 같다. 그래서 무언가를 시작할 때는 올바른 방향으로 발을 내딛는 것이 중요하다.

내가 돈을 버는 이유, 나아가 내가 부자가 되고자 하는 이유를 생각해보는 것을 시작으로, 부자가 될 수 있는 올바른 길목으로 들어서길 바란다.

내 인생의 돈,
대체 얼마면 돼?

탈출구로 비트코인을 선택했던 사람들

얼마 전 친구 건우를 오랜만에 만났다. 건우는 나를 보자마자 한숨을 내쉬며 이렇게 하소연했다.

"아, 나 어쩌지? 비트코인으로 3,000만 원을 날렸어. 이거 어떻게 만회해야 해?"

이 친구뿐만이 아니다. 동료 중에도 신용대출까지 받아 비트코인에 투자했다가 4,000만 원의 빚을 갚아야 하는 상황에 놓인 사람도 있다. 이들은 단지 월급만으로는 경제적으로 편안한 생활을 영위할 수 없을 것이라는 판단 하에 투자를 감행한 사람들이다. 그저 마음속으로만 돈을 바라며 가만히 앉아 아무것도 하지 않은 사람들이 아니다. 리스크를 감수하더라도 내 삶을 위해 무언가 실행한 나름 용감한 사람들인 셈이다.

그러나 결과는 너무나 참담했다. 비트코인에 투자한 것이 문제였을까? 만약 이들이 비트코인이 아닌 주식이나 부동산 같은 다른 곳에 투자했다면 이렇게까지 리스크가 크지는 않았을까? 그런 생각들이 내 머릿속을 스쳐 지나갔다. 건우는 자신이 비트코인에 투자하게 된 이유를 이렇게 말했다.

"어느 날 출근하려고 지하철을 탔는데, 갑자기 그 안을 빼곡히 메운 사람들의 얼굴이 눈에 확 들어오더라. 하나같이 표정에 영혼이 없고 우울해보였어. 아마 나 역시 그런 표정이었겠지. 평생을 이렇게 살아야 한다고 생각하니 갑자기 숨이 탁 막히더라. 탈출구를 찾아야겠다는 생각이 들었어. 그래서 꽤 수익이 많이 나고 있다는 비트코인에 투자한 거야. 일반인들은 이런 게 아니면 돈 벌 기회가 없잖아."

비트코인에 투자해본 사람들이라면 공감하겠지만, 건우 역시 처음부터 마이너스가 난 것은 아니었다. 투자 초반에는 국산 자동차를 한 대 바꿀 수 있을 만큼의 수익이 났다고 한다. 그래서 그는 행복한 마음으로 수익금을 현금화시켰고, 이참에 정말 차를 한 번 바꿔볼까 하는 마음으로 새로운 차를 시승하고 다녔다고 한다.

그런데 비트코인이 계속해서 올랐다고 한다. 그러자 한 번만 더 투자하면 국산차가 아닌 외제차를 탈 수 있겠다 싶은 생각에 친구는 결국 원금과 수익금을 고스란히 재투자했다. 이후의 결론은 앞에서 말한 대로이다.

그때 비트코인에서 벤츠 E클래스를 살 수 있는 정도의 추가 수익이 났다면 내 친구는 거기에서 만족할 수 있었을까? 아마 조금 더 기다리면 벤츠 S클래스를 살 수 있을 것이라 기대하고 투자를 멈추지 않았을 것이다.

이 말은 곧, 투자자의 기준이 없다는 이야기다. 단지 더 많은 수익을 기대하는 막연한 투자. 이것이 바로 우리 투자의 현주소이다.

비트코인, 주식, 부동산 등 '어디에' 투자해야 하는지는 사실 두 번째 문제이다. 우리가 먼저 고려해야 할 것은 앞서 말했듯이 '왜' 돈을 버는지에 대한 스스로의 기준을 세우고, 그다음으로 내가 원하는 것을 위해 필요한 금액이 얼마인지를 계산해보는 것이다.

사람마다 원하는 부가 다르다. 누구는 자기 집과 차만 있으면 된다고 하고, 또 누군가는 본인 거주 부동산 외에 월세가 나오는 빌딩을 가지면 좋겠다고 말한다. 그런데 여기서 말하는 '집'의 기준도 모두 다르다.

그 집이 강남의 30평대 신축 아파트인지, 아니면 서울을 벗어난 한적한 마을의 작은 빌라인지에 따라서도 금액의 차이가 크다. 단순히 '좋고, 편안한 정도'라는 말로는 누구도, 심지어 본인조차도 그 기준을 알아들을 수가 없다는 이야기이다. 그래서 우리가 해야 할 일은 '대체 얼마가 있으면 내 인생이 편안해지는지'에 대한 '나만의 기준'을 세우는 것이다.

단지 현재의 상황이 불안하니까 무작정 '지금보다 더 많은 돈을 벌어야 한다'라는 막연한 생각은 잠시 옆으로 내려놓자. 거창한 계획이 아니더라도 내가 근본적으로 바라는 최소한의 삶이 어느 정도인지 생각해봐야 한다.

대화로 배우는 재테크 목표 설정 방법

건우의 상황을 들어보니 그에게 필요한 것은 자신만의 투자 기준이라는 생각이 들었다. 그래서 그가 스스로 그것을 깨닫게 해주는 것이 좋겠다고 생각했다.

그것을 찾을 수 있도록 재테크 목표 설정을 도와주는 대화를 시도해보았다. 독자 여러분도 나의 질문에 한 번 대답해보자.

저자 "그랬구나! 근데 돈 벌어서 뭐하게?"

건우 "편하게 살고 싶지. 이렇게 맨날 출퇴근 시간마다 사람에 치이는 것도 지치고."

저자 "아예 일을 하고 싶지 않다는 이야기야?"

건우 "아니. 꼭 일을 하기 싫다기보다는 그냥 미래가 항상 불안해. 어딘가에서 돈 들어올 구멍이 있다면 매일 하는 출근이 '생존 수단'이 아닌 나의 '선택에 의한 행위'가 될 테니 마음 편하게 일을 할 수 있을 것 같아."

저자 "너한테 있어 '편하게 산다'는 것은 어떤 모습이야?"

건우 "음……, 일단 내 집과 차가 있는 것. 그리고 내가 생활하는 데에 있어서 어느 정도의 여유를 가질 수 있는 정도. 예를 들면, 1년에 한두 번은 해외여행을 갈 수 있고, 종종 맛집에 가고, 문화생활을 하는 데에 거리낌이 없을 정도의 모습!"

저자 "그래? 어디에 어떤 집이 있었으면 좋겠어? 차는? 갖고 싶은 차 생각해본 적 있어?"

건우 "솔직히 서울 집값은 너무 비싸니까 엄두가 안 나긴 하지만, 그래도 결혼하면 집은 있어야 하잖아. 꼭 새 아파트가 아니어도 좋으니까 회사 근처에 소형 아파트라도 있으면 좋을 것 같아. 그리고 차는 국산 중형 세단 정도?"

저자 "그 정도면 만족해?"

건우 "물론 바라기 시작하면 더 많이 욕심나지만, 이 정도면 적어도 '막연한 불안감'에서는 해방될 수 있을 것 같아."

대화를 나눠 보니, 처음보다는 친구가 바라는 것이 꽤 명확해졌다. 물론 여기서 더 구체적으로 들어가야겠지만 우선은 이 정도만 해도 큰 발전이다. 이제 일차적으로 우리가 해야 할 것은 이 목표를 이루기 위해 필요한 금액을 역산해보는 것이다.

건우네 회사는 서울시 노원구에 있다. 소형 아파트(49.6m²) 매매가가 약 2억 5,000만 원이다(2020년 7월 노원의 한 아파트 실거래가 기준). 그리고 친구가 말한 국산 중형 세단은 기본 옵션을 포함하면 약 3,000만 원이 든다. 즉, 친구에게 필요한 돈은 2억 8,000만 원이었다.

이렇게 기준이 현실적으로 세워지면 바로 여기에서 본인의 시작점을 확인할 수 있다. 물론 2억 8,000만 원을 이미 가지고 있어서 원하는 것들을 바로 구입할 수 있다면 좋겠지만, 제로베이스로 가정 시 친구가 원하는 것을 얻기 위해 필요한 액수는 2억 8,000만 원이다. 우선 집 구입 비용부터 계산해보겠다.

아파트 매매가가 2억 5,000만 원인데, 주택 담보 대출을 70% 받는다고 가정하면(대출은 개인의 직업과 신용 상태, 아파트 보유 개수 및 소재 지역 등에 따라 가능한 퍼센티지의 차이가 있다.) 1억 7,500만 원은 대출로 해결할 수 있다. 따라서 실질적으로 필요한 종잣돈은 7,500만 원이다. 그리고 담보 대출은 금리 3%로 20년 상환 기준이면, 원리금 균등 상환 시 매달 약 97만 원이 나간다.

자본주의 사회에서는 인플레이션이 일어나기 때문에 친구가 돈을 모으는 사이에 아파트 금액이 더 오르긴 하겠지만, 우선 가야할 길을 가시화시키기 위해 본인이 원하는 기준을 현재 시가로 정리해봐야 한다.

그럼 친구가 해야 할 첫 단계는 종잣돈 7,500만 원을 모으는 것이다. 그리고 종잣돈을 모아 집을 산 이후에는 대출 원리금 상환 비용인 월 97만 원을 제외하고도 생활하는 데에 문제가 없는 현금흐름을 만들어야 한다는 것을 알 수 있다. 물론 이미 가진 종잣돈이 많으면 대출을 적게 받거나 또는 대출 없이 시작할 수 있다. 그러나 대부분 종잣돈이 없는 경우가 많으므로 여기서는 제로베이스를 기준으로 잡아 설명했다.

목표 금액 만드는 방법 3가지

현재 내 경제 상태를 파악하고 정리하는 방법은 2장에서 좀 더 자세히 다룰 것이다. 그보다 먼저 이렇게 내가 원하는 상태를 정의하고, 원하는 것을 이루는 데 필요한 금액을 역산해보면 지금 당장 내가 할 수 있는 일이 무엇인지 깨닫게 된다.

친구 건우에게 필요한 종잣돈 7,500만 원을 모으려면 매달 100만 원씩 저축 시 약 6년이라는 시간이 걸린다. 이 시간을 단축시키고 싶으면 월 저축액을 더 늘려야 한다는 것을 알 수 있고, 어떤 방법으로 저축 금액을 늘릴 수 있는지 생각해볼 수 있다.

그렇다면 종잣돈은 어떻게 모을까? 돈을 모으는 데에는 다음 세 가지 방법이 있다.

1. 내 몸값을 올려서 수입을 늘린다

몸값을 올려서 수입을 늘리는 방법은 재테크에 있어서 가장 기본적으로 선행되어야 하는 부분이다. 재테크가 어딘가에 투자를 하는 것이라면, 그 '어딘가'의 최우선 투자처는 바로 나 자신이 되어야 한다. 모든 것은 나로부터 시작되기 때문에 내가 바로 서지 않은 상태에서는 투자를 해도 쉽게 무너져 내리기 십상이다.

예를 들어, 우리는 세계 최고 부자 중 한 사람인 워런 버핏(Warren

Buffett)을 주식의 대가로만 생각하고 있다. 그러나 그는 10대 시절부터 골프공 및 콜라 판매, 신문 배달 등으로 돈을 번 장사꾼이자, 그렇게 벌어들인 돈으로 중고 게임기 사업을 하며 고등학교 졸업 전에 이미 약 6,000달러의 재산을 소유한 사업가였다. 그 돈은 현재 가치로 무려 약 7,000만 원대라고 한다.

이렇듯 그는 어릴 때부터 투자와 사업을 통해 돈의 흐름을 직접 경험했고, 수많은 책과 자료를 통해 이론 공부 역시 소홀히 하지 않았다. 그가 투자의 대가가 될 수 있었던 것은 직간접적인 경험을 통해서 자신만의 사고방식과 능력이 꾸준히 쌓여 있었기 때문이다.

우리 역시 스스로의 능력을 키우는 작업을 선행해야 한다. 실력을 쌓아 승진하여 월급을 올려 받을 수도 있고, 나만의 콘텐츠를 구축해 부수입을 창출할 수도 있다. 또는 고유의 수익 시스템을 만들어 사업을 할 수도 있다.

이제는 누구나 자신의 콘텐츠를 손쉽게 공유할 수 있는 시대가 되었다. 나의 콘텐츠를 이미지나 영상으로 출력할 수 있다면 유튜브나 인스타그램 등의 플랫폼을 활용할 수 있다. 콘텐츠를 글로 풀어내고 싶은 사람들이라면 온라인 구독 서비스를 제공하거나, 전자책, 독립 서적, 또는 출판사와 함께하는 도서 출간을 생각해볼 수도 있다.

이렇게 스스로를 키워 수입을 창출해본 사람들은 향후 투자 시 성공 확률도 높아지게 된다. 물론 나 자신을 통해 돈을 버는 일은 엄연히 많은 시간과 노동력을 필요로 한다. 그러나 이는 재고 부담이 있는 사업을 하는 것이 아닌 이상 소위 망할 위험이 없다. 지속적인 업그레이드가 필요하긴 하지만 키워 놓으면 결코 사라지지 않고 실력이 계속 쌓이게 되므로 이는 결국 나의 수입원을 지켜주는 가장 기본적이고 강력한 힘이 되어 준다.

2. 자산 관리로 지출을 줄이고 돈 모으기에 집중한다

우리가 종잣돈을 모을 때 가장 기본적으로 생각하는 방법이 '절약'과 '저축'이다. 당연한 이야기이지만 오히려 너무 당연해서 함정에 빠지기 쉬운 부분이기도 하다. 무조건 덜 먹고 덜 쓰는 절약이 아니라, 올바른 방향성을 지닌 자산 관리를 통해 불필요하게 새는 비용부터 제거해야 한다.

아무리 저축을 열심히 해도 밑 빠진 독에 물을 붓고 있는 거라면 결코 돈이 모이지 않는다. 깨진 독부터 수리해야 한다. 이 부분은 이 책 전반에서 자세히 다루고 있는데, 깨진 독은 의외로 '낭비'로부터 일어나는 것이 아니라 내가 미래를 위해 '투자'하고 있다고 생각했던 항목들로부터 일어난다.

예를 들어, 대출이 있는 사람이 은행의 예적금에 돈을 넣어두면 마이너스가 난다. 예적금 이자는 1%대인 데에 비해 대출 이자는 3%대이기 때문이다. 내가 받는 이자보다 은행에 줘야 하는 이자의 크기가 크니 차라리 예적금에 넣어둘 돈으로 대출을 먼저 갚는 것이 이익이다.

또한 사업비나 수수료를 고려하지 않고 가입한 보험사의 저축 상품이나 증권사의 펀드 같은 금융 상품들은 수수료나 사업비 이상의 수익이 나야지만 원금이 보장된다.

따라서 단순한 지출 통제로 돈을 모을 것이 아니라, 구조적으로 내 자산에 마이너스를 내는 부분이 없는지부터 점검해야 한다. 이렇게 깨진 독을 먼저 막아야만, 모으는 족족 돈이 쌓이게 되기 때문이다.

3. 주식, 부동산 등으로 추가 수익을 얻는다

나의 몸값을 올리는 것이 재테크의 기본 전제였지만, 재테크의 최종 도달점은 결국 자본 소득을 창출하는 것이다. 나의 몸과 시간은 한정되어 있으므로 나를 활용하여 수입을 창출하는 데에는 명백히 한계가 있다. 하지만 자본에 투자하면 그 자본이 나를 대신하여 일을 해준다.

우리가 일을 하는 이유가 단순히 생존에 필요한 돈을 벌기 위해서가 아니라 자아실현의 영역이 될 수 있도록, 우리는 투자를 통해 우리 대신 돈을 벌어다 줄 자본 소득을 늘려가야 한다.

그런데 자본 소득은 단순히 노동 소득의 부담을 줄이기 위한 방도가 아니다. 자본주의에서 필수적으로 살아남기 위한 방편이기도 하다. 자본 소득의 대표적인 예로 부동산을 들 수 있다. 우리는 집이 없으면 한평생 집을 구입하기 위해 시간과 에너지를 쏟아야 한다. 하지만 끊임없는 물가 상승으로 부동산 값이 계속 치솟기 때문에 시간이 흐를수록 집을 구입하기는 더욱 어려워진다.

우리가 물가를 따라잡을 수 있는 자산을 소유하고 있지 않으면, 계속해서 오르는 물가에 휩쓸려 허덕이며 살 수밖에 없게 되는 것이다. 아무리 돈을 많이 모아놓아도 돈 그 자체는 화폐에 불과하다. 물가가 상승하면 더 많은 양의 돈이 필요하고, 이는 곧 화폐가치의 하락을 의미한다. 따라서 자본주의의 노예로 전락하지 않기 위해서라도 우리에게는 자본 소득이 필요하다.

어떤가? 실질적으로 내가 원하는 것을 이루기 위해 월 100만 원을 저축해야 하는데 그것이 불가능한 상태라면 2번과 3번이 아닌 1번에 집중해야 한다. 만약 1번의 방법들을 지금 당장 실행하기 어려운 상황이거나 또는 이미 그것들을 행하여 다음 단계로 넘어가야 한다면 2번과 3번에 집중해야 한다. 즉, 내가 원하는 것을 먼저 파악한 후 목표에 필요한 금액을 역산해봐야만 내가 가야 할 길이 눈에 보이고, 그것을 향해 무언가를 시작할 수 있다.

내가 편안하고 행복하게 살기 위해서 정해진 금액은 없다. 본인의 삶을 직접 그려보고 계산하는 작업부터 지금 당장 시작해보자.

돈이 스쳐 지나가게 둘 것인가?
잡을 것인가?

싱글 vs 4인 가족의 재정관리

어느 날 강의를 마치고 수강생인 지현 씨와 저녁식사를 하게 되었다. 지현 씨는 입사 7년 차 싱글 여성이었는데, 너무 신기하다면서 다음의 이야기를 털어놓기 시작했다.

"저와 입사 동기 중에 현재까지 직급이 같은 이진욱 씨라는 분이 계세요. 와이프는 전업주부이고 아이도 두 명이나 있어요. 부부가 서로 가진 것 하나 없이 시작해서 결혼할 때 고생을 많이 했다고 들었는데, 어느새 집을 장만했다고 하더라고요. 저와 연봉이 거의 같다고 알고 있는데, 저는 집은커녕 생활비를 쓰고 나면 저축할 여력도 없거든요. 혹시 투잡이나 투자를 하시냐고 물었더니, 이렇게 야근이 많은데 그럴 시간이 어디 있냐며 웃더군요. 비슷한 연봉을 받는 저는 혼자 살기도 버거운데, 그분은 어떻게 네 식구를 부양하면서 집까지 장만했는지 정말 궁금할 따름이에요!"

지현 씨는 본인이 낭비하며 사는 사람도 아닌데, 도대체 왜 이런 차이가 나는지 그 이유를 알고 싶어했다. 지현 씨와 그 동료 이진욱 씨는 어떤 점이 달랐을까? 허리띠를 졸라매며 무조건적인 절약을 하면 가족도 부양하고 집도 장만할 수 있게 되는 걸까?

답은 굉장히 간단하다. 각자의 '목표'와 '라이프 스타일'이 다르기 때문이다. 많은 분들이 "월급이 나를 스쳐 지나간다"라고 토로한다. 하지만 그것은 나를 스쳐 지나가는 월급을 내가 붙잡으려고 노력해본 적이 없기 때문이다.

많은 사람들이 그저 불안해하면서 늘 돈이 부족하다고 걱정하는 것 외에는 명확한 목표를 세워본 적도, 그 목표를 위해 본인이 실제로 해야 할 것을 점검하고 실천해본 적도 없다. 지현 씨의 사례를 통해 한 번 살펴보자.

당신의 월급이 스쳐 지나갔던 이유

아래의 표는 입사 7년 차 싱글인 지현 씨의 월 현금흐름표이다. 현금흐름을 분석해보면 그녀의 라이프 스타일이 보인다. 우선

〈표 1-1〉 싱글 지현 씨의 현금흐름표

수 입		지 출	
		고정지출	
		대출 이자	360,000원
		관리비	200,000원
		통신비	100,000원
		보험료	100,000원
		유류비	100,000원
근로소득	2,500,000원	개인연금	200,000원
		변동지출	
		생활비	440,000원
		외식비	400,000원
		자기계발	200,000원
		문화생활	100,000원
		옷, 화장품	300,000원

지출 중 고정지출에 대해서 살펴보겠다.

지현 씨는 대출 이자로 36만 원을 지출하고 있었다. 그녀가 회사 인근에 거주하고 싶어 집을 알아봤을 때 월세 시세가 최소 60만 원 이상이었다고 한다. 그래서 월세보다는 차라리 이자를 내는 것이 저렴하겠다는 계산 하에 전세자금 대출을 받아 동일한 조건의 집을 전세로 들어갔다. 전세보증금은 1억 8,000만 원이었고, 전세보증금의 80%인 1억 4,400만 원을 대출받아 은행에 대출 금리 3%인 월 36만 원의 이자를 내며 현재의 집에 거주하고 있다.

나머지 고정지출인 관리비, 통신비, 보험료, 유류비, 개인연금은 생활에 필수 요소인 것들이 대부분이다. 고정지출은 나의 의지와 무관하게 나의 생활을 위해 매달 무조건 나가는 돈이다. 그래서 한 번 정리해놓으면 다음부터는 따로 분석하지 않아도 된다. 하지만 고정지출 액수가 고정적이지 않고 격차가 크다면 매달 한 번씩 새로 정리해야 한다.

이번에는 지현 씨의 변동지출에 대해 살펴보겠다.

지현 씨는 생활비로 44만 원을 지출하고 있다. 지현 씨에게 세부 생활비 내역을 물어보니 주로 식료품과 영양제, 샴푸나 비누, 주방용품과 세탁용품, 청소용품 등의 필수품 구입에 쓰고 있다. 그녀는 외식이 잦기 때문에 일주일에 한 번씩만 '마켓컬리' 같은 온라인 마켓에서 장을 본다고 했다. 매번 구입하는 식재료 품목에 큰 차이가 없기 때문에 특별한 일이 없으면 식료품비도 주당 약 5만 원 정도로 꽤 고정적이다. 따라서 식료품비로 20만 원을 사용하고, 나머지 금액으로 조금 비싸지만 몸에 좋고 피부에 무해하다는 천연 영양제와 천연 세제들을 골라 구입한다.

지현 씨는 친구들과 모임이나 외식을 자주 하는 편이라고 한다. 보통 친구들과 식사 후 커피 또는 술이라도 한 잔 할라치면 하루에 5만 원 쓰는 것은 일도 아니다. 따라서 그녀는 외식비로 40만 원을 지출하고 있었다.

자기계발 및 문화생활비 항목을 살펴보면, 그녀는 자신을 위한 투자를 중요시하는 발전지향적인 사람이라는 것을 알 수 있다. 그래서 30만 원 정도의 예산으로 책을 구입하거나 강의를 듣고, 여행을 다녀오기도 한다.

마지막으로, 옷과 화장품 비용으로 30만 원을 지출하고 있다. 여자라면 많은 분들이 공감하겠지만 누구나 더 예뻐지고 싶은 욕망이 있기에 자신을 예쁘게 꾸밀 수 있는 의류나 화장품에 꽤 많은 비용을 지불한다. 물론 사람마다 기준이 다르지만, 겨울옷은 코트 한 벌만 사려고 해도 몇십만 원에서 몇백만 원은 뚝딱인 경우도 많아 예산이 초과되기도 한다.

지현 씨의 지출 내역에 문제가 있다고 보이는가? 아니, 없다. 이것은 그냥 지현 씨의 라이프 스타일일 뿐, 결코 '나쁜' 지출이라고 판단할 순 없다. 다만, 지현 씨가 월급이 스쳐 지나간다고 느끼는 이유는 분명히 파악할 수 있다. 그녀는 자기 자신에게 투자하며 사는 삶에 만족했을 뿐 그 이상의 어떤 계획을 세워본 적이 없다는 사실을 알 수 있다. 그녀는 특별한 목표가 없었기에 돈을 관리할 필요성을 느낀 적이 없다. 그냥 하루하루 필요하다고 생각한 것들에 돈을 지출했고, 그래서 자신만의 목적이 담긴 돈을 만들어 낼 기회가 없었던 것이다.

4인 가족 가장의 돈 관리 비결

가족을 부양해야 하는 사람은 목표 자체가 다르다. 지현 씨의 동기 이진욱 씨는 집을 장만하고 가족을 먹여 살려야 한다는 아주 명확한 목표를 가지고 있다. 그래서 필요에 의해 돈을 가시화시켜 관리했고, 라이프 스타일 역시 싱글일 때와 현저히 달라졌다.

다음은 지현 씨의 도움을 받아 작성한 이진욱 씨의 현금흐름 상
태이다.

〈표 1-2〉 4인 가족 가장 이진욱 씨의 현금흐름표

수 입		지 출	
		고정지출	
		대출 원리금	1,000,000원
		자녀 교육비	350,000원
		관리비	150,000원
근로소득	2,500,000원	통신비	100,000원
		교통비	50,000원
		보험료	150,000원
		변동지출	
		생활비	700,000원

우선 고정지출에 대해서 살펴보겠다. 처음부터 종잣돈을 가지
고 결혼 생활을 시작한 것이 아니라서 집을 사는 데 대출을 받았
다. 그래서 이진욱 씨는 대출 원리금 상환으로 100만 원을 지출하
고 있었다. 이렇게 원리금(대출 원금과 이자를 합친 것)을 갚아야 하니
지현 씨처럼 자신에게 투자하는 자기계발이나 문화생활 등을 잠시
중단하고 실제 생활하는 데에 필수 항목에만 돈을 사용해야 한다.

이진욱 씨는 고정지출로 180만 원을 사용하고 있는데, 좀 더 자
세히 살펴보면 다음과 같다.

자녀 교육비로 첫째 아이 학습지와 학원비에 20만 원, 둘째 아
이 어린이집 10만 원과 수업 재료비 5만 원을 써서 총 35만 원을

지출하고 있다. 아파트 관리비는 15만 원 내외를 사용하고 있으며, 통신비는 본인과 와이프 휴대폰 요금으로 각 5만 원씩 총 10만 원이 나가고 있다. 그리고 출퇴근 시에는 도보와 대중교통을 활용하기 때문에 교통비로 5만 원을 쓰고 있다. 보험료는 최소한의 것만 가입하여 총 15만 원을 지출하고 있다.

이번에는 변동지출에 대해 살펴보겠다. 이진욱 씨는 생활비로 매달 70만 원을 지출하는데, 세부 내역을 살펴보면 식료품 55만 원, 생필품에 15만 원을 할당하여 계획에 맞추어 돈을 사용한다. 4인 가족이 활용하기에는 꽤 빠듯한 금액이므로 매주 철저한 계획 하에 생활비를 지출하고 있다. 외식이나 그 외 필요한 옷 구입 등은 평소에는 자제하고, 보너스가 있는 있는 달을 이용한다.

라이프 스타일에 맞는 금전적 목표를 찾아라!

앞에서 이야기한 것처럼 월 100만 원의 저축 여력만 있어도 집 장만은 가능하다. 그래서 지현 씨도 동료처럼 확고한 목표를 세우면 집을 장만하는 것이 전혀 불가능한 일은 아니다. 결론적으로, 돈이 나를 스쳐 지나가지는 않는다. 다만, 내가 스쳐 지나가게 두었을 뿐이다.

우리는 누구나 많은 돈을 벌기 원한다. 그래서 몸값을 올리기 위한 자기계발 시장과 추가 수익을 창출할 수 있는 투자 시장은 언제나 호황기이다. 하지만 우리가 실질적으로 먼저 해야 할 것은 내가 원하는 것을 먼저 생각해보고, 나의 생활 패턴을 점검하여 목표에 맞게 정리해봐야 한다는 것이다.

돈은 많으면 많을수록 좋다. 그러나 돈이 아무리 많아도 본인이 무엇을 원하는지 모르면 지현 씨처럼 돈은 여전히 나를 스쳐 지나갈 수밖에 없다. 로또에 당첨된 사람이 돈을 탕진하거나 졸부가 비교적 빨리 망하는 이유도 바로 여기에 있다. 그러니 당신도 자신이 원하는 것을 이루기 위한 자산 목표를 찾는 것에 먼저 주안점을 두었으면 좋겠다.

돈이라는 것은 내가 바라는 가치를 교환하는 수단이다. 자산 목표는 결국 삶의 목표일 수밖에 없음을 인지하고 내가 정말 바라는 가치가 무엇인지 생각해보아야 한다.

뚜렷한 목표만 있으면 적은 돈으로도 내가 원하는 것을 이루기 위해 나아갈 수 있는 길이 분명히 존재한다. 멀리서 안개를 바라보면 그 안쪽이 보이지 않지만, 그 안개를 뚫고 한 걸음씩 걸어 들어가면 뿌옇던 것이 조금씩 선명해지는 것과 같다.

세상만사 모든 게 마찬가지이다. 수천억대의 부자가 되는 것은 자산 관리만으로는 어렵다. 그러나 모든 것은 하다 보면 점점 '가속'이라는 것이 붙는다. 본인이 꿈꿔왔던 수준의 부자가 되고 나면, 그 후에는 더 큰 부자가 되는 지름길로 진입할 수 있는 기회가 생긴다.

당신은 지금 어떤 라이프 스타일로 살고 있는가? 이것이 정말 내가 원하는 삶을 살기 위한 방식인지 바로 점검해보기 바란다.

가난하던 친구가
갑자기 부자가 된 사연

재테크 귀재가 된 친구와의 대화

불과 몇 년 전까지만 해도 늘 돈이 없다고 투덜대던 친구 민지가 어느 날 갑자기 재테크의 귀재가 되어 나타났다. 듣자 하니 부동산도 몇 채 있다고 한다. 어떻게 2~3년 만에 이런 변화가 생겼는지 너무나 궁금했다. 아무것도 없던 그 친구가 했다면 나는 더 잘할 수 있을 것 같았다. 하지만 막상 재테크를 하려니 어디서부터 시작해야 할지 막막했다. 부럽기도 하고 나도 그렇게 되고 싶어 용기를 내어 친구를 만나보기로 했다.

저자 "잘 지냈어?"

민지 "응. 요즘 투자 공부에 푹 빠져서 재미있게 지내고 있어!"

저자 "정말 대단하다. 어떻게 갑자기 투자까지 하게 된 거야? 나는 재테크 책 읽어도 도통 무슨 말인지 잘 모르겠던 데……."

민지 "나도 처음부터 '재테크를 해야지'라고 생각했던 것은 아니야. 그런데 어느 날 문득 내 삶이 너무 구질구질하고 답답하단 생각이 들더라. 계속 이렇게 살아갈 자신이 없어서 어떻게든 상황을 바꿔봐야겠다고 마음먹었어."

저자 "그래서?"

민지 "다른 사람들은 도대체 어떻게 성공했는지 알고 싶어 다짜고짜 책을 읽기 시작했지."

저자 "네가 책을 읽었다고?"

민지 "하하하. 응. 믿기지 않지? 근데 그거 말고는 내가 할 수 있는 게 없더라고."

저자 "그럼 결국 넌 독서를 통해 재테크에 성공하게 된 거야?"

민지 "음…… 그것보다는 삶 자체를 어디서부터 어떻게 다시 시작할 수 있는지에 대한 실마리를 잡았어."

저자 "그게 무슨 소리야?"

민지 "이것만 알면 투자나 재테크는 자연스럽게 이어지게 되더라고!"

저자 "뭘 알면 되는데?"

민지 "먼저, 불필요한 것들 버리기!"

저자 "버리기? 이게 재테크랑 무슨 관련이 있는 거지?"

민지 "너 집에 옷 몇 벌 있어?"

저자 "갑자기 뜬금없이 무슨 소리야? 당연히 세어본 적 없지."

민지 "너 집에 있는 옷, 다 입기는 해?"

저자 "아니, 거의 입는 옷만 계속 입게 되는 것 같아."

민지 "쌓여 있는 옷이 꽤 많을 것 같은데? 결국 입지도 않을 옷을 계속 돈 주고 구입한 거네?"

저자 "아니, 뭐 그렇다고 아예 안 입을 건 아니고……. 언젠가 그 옷이 어울리는 때가 생기면 입게 되겠지!"

민지 "너 집에 가서 최근 1년 이상 입은 적 없는 옷들을 쭉 꺼내 봐. 사람들은 항상 입을 옷이 없다며 새 옷을 사는데, 그 이유가 옷장에 무슨 옷이 있는지조차 몰라서인 경우가 많거든."

저자 "아……. 듣고 보니 일리가 있는 것 같아."

민지 "식재료 같은 것도 생각해봐. 너 집에서 요리하려고 산 재료들, 버리는 것 없이 전부 사용해?"

저자 "아니. 아무래도 밥을 밖에서 먹는 경우가 많으니 냉장고 안에서 썩다가 버리는 경우가 다반사인 것 같아."

민지 "다들 그러는 것 같더라. 물론 예전에는 나도 그랬고. 그런데 다들 왜 그렇게 많이 사다놓는 걸까?"

저자 "마트에 한 끼 분량의 재료만 파는 것은 아니니까. 재료가 남는 것은 어쩔 수 없는 일이기도 하고. 1+1 행사를 하면 같은 값에 두 개를 얻는데 굳이 한 개만 살 이유도 없으니까 말이야."

민지 "하지만 무엇이 됐든 그런 식으로 쌓이는 것이 많아지면, 그저 쌓이기만 할 뿐 내가 이미 가지고 있는 게 무엇인지 되돌아볼 시간이 없게 되더라고. 먼저 내가 가지고 있는 걸 알아야 그 외에 필요한 걸 보충할 수 있는 거잖아. 내가 가진 게 무엇인지조차 모르니 계속 이것도 필요한 거 같고 저것도 필요한 거 같고, 그렇게 계속 필요하다고 생각되는 걸 사들이느라 내 에너지도 분산되고 불필요한 지출도 많아지지. 결국 그렇게 삶이 엉켜버리게 되는 것 같아."

저자 "맞는 말 같다. 그런데 불필요한 것을 버리는 것과 재테크가 무슨 상관이야?"

민지 "내가 성공한 사람들을 따라 해보려고 책을 무작위로 읽기 시작했을 때 조금 어려웠던 부분이 있어. 저자들은 모두 한결같이 목표를 설정하라고 하더라. 그런데 그동안 없던 목표가 갑자기 짠! 하고 생기는 것은 아니잖아? 그냥 무턱대고 '1억을 만들겠다!'고 결심한다고 그 목표가 내 마음에 깊게 와 닿는 것도 아니고. 그래서 나는 내 목표를 알기 위해 우선 주변의 불필요한 것들부터 싹 버렸어. 그러고나니까 내가 정말 소중하다고 느끼는 것, 내게 정말 필요한 것들만 남더라고. 그다음에는 그것들이 어떤 카테고리에 속해 있는지 생각해봤어. 그랬더니 내가 원하는 게 뭔지 조금씩 알겠더라고. 그래서 '내가 집중하고 싶은 게 그 부분이구나'라고 깨닫고 그것과 관련된 목표를 세울 수 있었던 것 같아."

버리면 비로소 보이는 것들

큰 깨달음 이후, 친구는 불필요한 물건들을 버리기 시작했다. 입지 않는 옷, 읽지 않는 책, 사용하지 않는 소품, 그리고 냉장고 안의 먹지 않는 음식들까지. 그렇게 천천히 하나씩 버리다가 결국 남은 것을 살펴보니, 자신에게 정말 소중하고 필요한 것은 생필품 말고는 거의 없었다. 즉, 친구는 자신이 '물건'에 대한 소유욕이 별로 없는 사람이라는 걸 새삼 알게 되었다.

그리고 자신이 생존을 위해 꼭 필요한 것 말고 무엇을 가졌을 때 행복한 사람인지 곰곰이 생각해보았다. 그랬더니 좋아하는 사람들과 맛있는 음식을 먹으며 수다 떠는 시간을 가질 때, 새로운 장소로 여행을 갈 때 행복하다는 사실을 깨닫게 되었다.

그래서 자연스럽게 좋아하는 친구들과 여행 가기, 사랑하는 부모님이 거주할 전원주택 지어주기, 매년 다른 나라에서 '한 달 살기' 해보기 등의 목표가 생겼고, 이를 위해 필요한 돈의 액수를 계산해보았다.

1. **친구들과 여행 가기**: 여행은 나라와 머무는 기간에 따라 금액이 천차만별이긴 하지만, 친구들과의 여행 경험을 돌이켜 보니

동남아(다낭, 코타키나발루)에 갔을 때는 5일 평균 약 100만 원, 일주일간 이탈리아에 갔을 때는 약 350만 원이 들었다. 따라서 좋아하는 사람들과의 여행비로 1년에 300만 원 정도씩은 할애하기로 했다.

2. 부모님 전원주택 지어주기: 실제로 2년 전쯤 땅을 보러 다니기도 했는데, 당시 양평에 전원주택을 짓는 데 약 3억 원 정도가 필요했다. 비용을 줄이기 위해 집을 지을 때 건축 업체에 온전히 맡기는 것이 아니라, 본인이 직접 개입하여 파트별 목수님들을 각각 섭외하는 방식으로 계산했다. 하지만 현재는 땅값이 올랐고, 집을 짓는 데에 개인이 일일이 개입하는 건 커다란 에너지를 소모하는 것이라는 이야기를 들어서 업체에 모두 맡기는 쪽으로 생각을 바꾸었다. 따라서 실제 집을 짓는 시기가 되면 더 큰 금액이 필요하겠지만, 현재 시가로 약 5억 원 정도를 예상하고 있다.

3. 매년 다른 나라에서 한 달 살기: 실제 한 달 살기를 해보니 오히려 여행 가는 것보다 금액이 훨씬 절약된다. 나라에 따라서 숙소 렌트비에 현저한 차이가 있겠지만 캐나다의 경우 약 30만 원 정도가 들었다. 참고로 집 전체가 아니라 방 하나를 렌트한 비용이다. 비행기 값과 생활비 역시도 나라에 따라 금액이 달라지겠지만, 경험상 최대 400만 원을 넘은 적은 없으므로 한 달

살기 비용으로 연 400만 원을 챙겨두기로 했다.

이렇게 구체적으로 쓰고 보니, 친구는 이 모든 것들을 감당하려면 단지 일을 해서 버는 돈만으로는 어렵겠다는 생각이 들었다고 한다. 그래서 그만큼의 금액을 벌 수 있는 방법으로 무엇이 있을까 고민하게 되었다고 했다.

여러 권의 재테크 책을 통해서 '자본 소득(돈이 돈을 버는 구조의 소득)'을 만들면 원하는 것에 더 빨리 도달할 수 있다는 사실을 알게 되었다. 그래서 재테크 강의도 듣고 관련 책이나 기사도 찾아 읽으면서 하나씩 따라 하다 보니 지금에 이르게 되었다고 했다. 단순히 '얼마를 벌겠다'는 것을 목표로 시작했다면 아마 이렇게까지 공부를 계속할 수 없었을 것이라고 했다. 특히, 리스크가 무서워서 감히 투자를 실행할 엄두조차 내지 못했을 것이라고.

하지만 자신이 진짜 원하는 것이 무엇인지 확실하게 알게 되니 모든 것들이 술술 풀렸다고 했다. 즉, '명확한 목표'를 설정하는 것이 우선순위상 가장 먼저 해야 할 일이라는 결론이 나온다. 그것을 알기 위해 선행되어야 하는 것은 친구의 말처럼 '버리기'로부터 시작되는 것 같다.

나의 에너지를 내가 원하는 곳에 집중하려면, 불필요한 곳에 내 에너지가 쓰이지 않도록 그 경로를 제거해야 한다. 즉, 불필요한 것들을 버려야 제대로 된 재테크 목표 설정이 가능하다.

진짜 목표 vs 가짜 목표

수많은 재테크 책과 자기계발서에서 언제나 첫 번째로 등장하는 단어는 '목표 설정'이다. 이렇게 가장 먼저 목표를 설정해야 한다는 사실을 모두들 잘 알고 있지만, 의외로 목표 정하는 것을 어려워하는 분들이 많다.

예를 들면, 누군가는 100억을 벌고 싶다고 했다가 막상 그것이 비현실적으로 느껴지니까 목표와 현실의 괴리 때문에 금세 포기하고 만다. 또 다른 누군가는 재테크를 하려면 경제 흐름을 알아야 하니 경제 전반에 대해 공부하는 것을 목표로 잡았다가 힘들고 너무 막연한 생각이 들어 곧 포기해 버린다.

이렇듯 목표가 있어도 그곳에 다다르지 못하는 이유는 목표의 기준이 '외부'에 있기 때문이다. 내가 진정으로 원하는 것을 점검해보지 않고 세운 목표는 '목표'라는 이름을 가지고 있어도 실제로 효력을 발생시킬 수 없다.

재테크뿐만 아니라 무언가를 이루고 싶다면 '나의 기준'을 지닌 진짜 목표를 세울 수 있어야 한다. 지금은 내가 남들보다 뒤처진다고 생각될지라도, 이것만 잘 알면 상황을 빠르게 변화시킬 수 있다. 자신에게 맞는 목표가 있는 사람이 엄청난 위력을 발휘하게 된다는 것은 의심의 여지가 없다.

나의 목표가 진짜 목표인지 가짜 목표인지 확인해볼 수 있는 방법이 있다. 그 목표의 '의도'를 살펴보는 것이다.

예를 들어, 실제로 나의 인생 목표 중 하나는 유학을 가는 것이다. 그런데 이 목표는 예전에는 가짜 목표였지만, 지금은 진짜 목표가 되었다. 왜냐하면 예전에는 유학을 가고 싶은 이유가 어떤 특정한 공부가 하고 싶어서라기보다는 외국에 있는 학교의 교정을 밟으면서 공부해보고 싶다는 로망이 더 컸기 때문이다.

하지만 유학을 가려면 그에 따른 기회비용이 엄청나다. 자국보다 현저히 비싼 학비와 생활비는 물론이고, 공부를 하는 동안 많은 시간도 소비된다. 단순히 '좋아 보이는', '한 번쯤 해보고 싶은' 로망만으로는 현실적으로 감당해야 할 것들이 너무 많은 것이다. 따라서 이런 가짜 목표는 실행으로 이어질 만한 행동력이 발휘되지 않는다.

하지만 이제는 유학과 무관하게 정말로 공부해보고 싶은 학문이 생겼다. 프롤로그에서 잠깐 언급했지만, 나는 처음부터 재테크 강사가 되고 싶었던 것은 아니다. 돈에 대한 불안감 때문에 이것저것 열심히 공부하다가 강의를 들으러 갔던 교육 회사에 우연히 입사하게 되었고, 그곳에서 재테크 파트를 맡았을 뿐이다.

그런데 내가 직접 재테크를 하면서 느낀 점은 내 불안의 근본 원인은 '돈'이 아니라는 것이었다. 재테크를 통해 돈에 대한 불안이 어느 정도 사라졌다고 해서 내 인생이 완벽하게 편안하게 느껴지지 않았다. 나는 단순히 어떤 투자를 통해 부를 늘려가는 것만으로 행복을 느끼는 사람은 아니었던 것이다.

나는 이 커다란 세상 속에서 나의 특정한 역할이 있기를 바랐다. 태어난 김에 잘 먹고 잘 사는 거 말고, 무언가 세상과 부대끼며 살고 싶었다. 나는 내게 이미 주어진 재테크 강사라는 역할을 통해 부의 본질에 대해 고민하게 되었고, 그 본질은 '돈' 그 자체만으로 이야기할 수 있는 부분이 아니라는 사실을 깨달았다.

부의 본질을 깊이 파고드니 내가 공부하고 싶은 학문은 물리철학(philosophy of physics)이라는 결론이 나왔다. 언젠가 이 학문을 기반으로 돈에 대해 쉽게 이야기할 수 있는 글을 쓰고 싶다는 꿈이 생겼다. 단순히 돈이 있고 없고와 같은 이분법적인 접근을 넘어서, 사람들의 돈에 대한 근본적인 불안을 줄일 수 있는 일에 기여하고 싶다.

이 학문을 전문적으로 공부할 수 있는 학교는 스위스, 독일, 영국, 미국에만 있다고 한다. 이로써 유학은 더 이상 단순한 로망이 아니라 내가 하고 싶은 공부를 할 수 있는 거의 유일한 방편이 되었다. 그래서 가짜 목표일 때와는 다르게, 현재는 구체적으로 내가 유학을 갈 수 있는 시기와 적합한 나라를 생각해보고 입학에 필요한 절차를 알아보고 있다.

이처럼 진짜 목표는 내면에서 진정으로 원하는 것이므로 목표 달성을 위해서 단계적으로 현실적인 대안을 마련하게 된다. 그러니 우리는 외부적인 목표가 아니라 내면에서 바라는 목표가 무엇인지 살펴봐야 한다.

내가 원하는 것 vs.
부자들이 원하는 것

부자에 관한 책을 읽으면 부자가 될까?

내 꿈은 작가이다. 하지만 어릴 때부터 작가는 소위 '대박'이 나지 않는 이상 돈을 벌기는 어려운 직업이라는 이야기를 많이 들었다. 그래서 나도 전업 작가가 되어 글로써 내 삶을 꾸려나갈 생각은 없었다. 생업을 위한 다른 일을 하다가 언젠가 여유가 되면 내가 좋아하는 작가들처럼 내 생각을 글로 표현할 수 있는 날이 오지 않을까 하는 막연한 꿈을 마음속에 품고 살아왔을 뿐이다.

그래서일까, 어느 순간부터 부자가 되는 방법에 대해서 미치도록 궁금했다. 재정적인 여유가 생겨야 비로소 내가 하고 싶은 일을 할 수 있기 때문이었다. 그런데 우리 아빠는 공무원이었고, 엄마는 영어 선생님이었다. 비교적 안정적인 직업을 가진 분들이었다. 집

안에 사업하는 사람이 없으니 돈이 움직이는 흐름을 배울 수 있는 환경은 아니었다. 좋은 회사에 취직하여 높은 연봉을 받거나, 공무원이 되어 안정적인 삶을 꾸려가는 것이 내가 아는 '돈 버는 방법'의 전부였다.

새로운 방법을 알기 위해서 내가 취한 방법은 부자에 관한 책을 읽는 것이었다. 2015년에 썼던 블로그 일기를 들춰 보니, "할 수 있는 일을 그저 '열심히' 한다고 나아지지 않는 재정적 자유를 어디서 찾을 수 있는지 도무지 모르겠다. 그래서 일단 부자가 되는 방법을 알려주는 책들을 사들였다"라는 글이 있었다.

그날 서점에 가서 나는 '부(富)'라는 단어가 들어간 여러 권의 책들을 구입했다. 그런데 이상하게도 구입한 책을 읽으면 읽을수록 오히려 더욱더 미궁 속으로 빠져드는 느낌이 들었다. 당시 내가 구입한 책은 캐서린 폰더의 《부의 법칙》, 월러스 워틀스의 《부자의 법칙》, 카메다 준이치로의 《부자들은 왜 장지갑을 쓸까》 등이었다. 그런데 그 책에서 공통적으로 말하는 것은 '매사에 감사하라' 같은 매우 추상적인 내용들뿐이었다.

뭔가 대단한 방법을 기대했던 나는 '돈 버는 실질적인 방법을 알려줘야지 저런 관념적인 이야기는 누구나 할 수 있는 거 아닌가?'라는 생각이 들어서 돈이랑 시간이 아깝다며 혼자서 화를 냈던 기억이 난다.

진짜 원하는 것을 이루고 싶다면

이제 와서 생각해보니, 내가 그 책 내용을 이해하지 못했던 이유는 부자와 나의 인식 차이 때문이었다. 책 내용이 추상적이었던 게 아니었다. 부자의 진정한 의미도 모른 채 그저 '돈이 더 많았으면 좋겠다'라는 막연한 나의 생각이 추상적이었다.

부자가 되기 위해서는 단지 어떤 실질적인 재테크 방법을 아는 것이 전부가 아니라 그 전에 스스로 먼저 갖추어야 할 것들이 있었다. 부자들은 원하는 것(goal)을 이루기 위한 '과정'을 중시한다. 그에 비해 부자가 아닌 사람들은 자신들이 원하는 것 '그 자체'를 중시한다.

재테크에 대해 공부하고 강의하고 또 직접 투자를 하면서, 나는 목표를 향해 걸어가는 '태도(attitude)'에서 목표의 성취 여부가 결정된다는 사실을 알게 되었다. 앞서 계속 이야기했던 것처럼 목표가 그 어떤 것보다 중요하다는 사실은 부정할 수 없다.

하지만 목표가 있다고 해서 모든 사람이 그 목표를 이룰 수 있는 것은 아니다. 삶에는 수많은 변수들이 존재한다. 내가 어떤 것을 목표로 삼고 열심히 생활해 나가더라도 예기치 않은 일들이 일어날 때가 있다. 그런데 장애물을 만나게 될 때 그것을 극복하는 과정이 힘들고 번거로우면 결국 목표를 포기하는 경우가 대다수이다.

그에 비해 부자들은 장애물의 크기보다 자기가 목표로 하는 것의 크기가 더 크다는 것을 잘 알고 있다. 그래서 그 힘든 과정을 당연하게 받아들인다. 변수들이 자신을 힘들게 해도 '그럼에도 불구하고' 계속 나아가는 것이다.

문제는 '그럼에도 불구하고'와 같은 마인드를 지니기가 쉽지 않다는 것이다. 어떠한 상황에서도 그럼에도 불구하고 나아가려면 '간절함'이 필요하다. 하지만 간절함은 단순히 노력만으로 가질 수 있는 종류의 것이 아니다. 정말 벼랑 끝에서 다른 대안이 전혀 없는 경우가 돼서야 생긴다. 그런 극단적인 상황에 처한 사람은 많지 않을 것이다.

부자들이 감사를 소중히 하는 이유

다행히 간절함이 없어도 '그럼에도 불구하고' 목표를 향해 나아가는 방법이 있다. 바로 '감사하는 마음'이다. 목표를 향해 가는 와중에 어렵고 힘든 일들이 생기면 일반인들은 불평을 한다. '모처럼 내가 큰마음 먹고 열심히 좀 해보겠다는데 왜 나의 길을 막는 걸까?'라고 투덜대다가 좌절해 버리고 만다.

그런데 부자들은 그러한 상황에서도 감사해한다. 예를 들어, 교통사고가 났을 때조차도 감사한다. 교통사고는 나 혼자 조심한다고 막을 수 있는 것이 아니다. 그렇게 자신이 통제할 수 없는 외부 변수에 맞닥뜨렸을 때, 부자들은 어쩔 수 없는 상황을 빠르게 받아들인다. 그리고 어려운 상황을 극복하는 과정을 통해서 스스로 성장할 수 있는 기회가 주어진 것에 감사한다. 실제로도 그런 변수를 통해서 더 크게 성장하게 된다.

이렇듯 간절함은 노력으로 가질 수 없지만, 감사하는 마음은 누구나 가질 수 있다. 간절하면 상황적으로 필요한 것을 얻기 위해 하나의 목표에 총력을 다할 수밖에 없다. 그럼 당연히 목표를 이루는 속도도 빨라질 것이다.

하지만 간절하지 않다고 부자가 될 수 없는 것은 아니다. 감사하는 마음을 가지고 나아가면 나의 현재 상태가 어떻든 간에 누구나 부자가 될 수 있다. 그래서 부자들이 그렇게나 매사에 감사하라고 입이 닳도록 이야기하는 것이다.

생각해보면 우리는 많은 것을 '거저' 얻었다. 내가 세상에 태어났다는 이유 하나만으로 나를 보살펴주는 부모님을 거저 얻었고, 집과 먹을 음식, 옷 등 성장하는 데 필요한 모든 자원을 거저 얻었다.

물론 나이가 들어가면서 스스로 책임져야 하는 것들이 많아졌지만, 분명 우리는 누군가의 도움으로 살아가는 부분들이 존재한다. 그렇게 생각하면 내게 주어진 모든 것에 감사하지 않을 이유가 없다. 지금 당장 돈이 없다면 그렇기 때문에 부자가 되려고 노력하여 종국에는 부자가 될 수 있음에 감사하면 된다.

현재 재정적으로 비교적 여유롭다면 부족함이 없음에 감사하면 된다. 감사에는 그 어떤 전제도 필요 없다. 이렇든 저렇든 감사할 뿐이고, 그렇기 때문에 부족하면 노력하고 풍요로우면 가진 것을 나누는 진짜 부자가 될 수 있다. 이처럼 감사에는 끝이 없다.

무작정 부자 따라 하기의 덫

부자가 되고 싶으면 부자가 했던 방법을 따라 하면 된다. 그러나 사람마다 각자 자라온 환경, 현재 주어진 상황이 다르기 때문에 무조건적으로 복사하듯이 부자의 목표나 행동을 따라 한다고 모두 부자가 될 수 있는 것은 아니다. 우리가 따라 해야 하는 것은 그들의 의식, 즉 그들의 생각과 태도이다.

나는 명품에 관심이 없다. 예를 들어, 나는 300만 원이 있으면 그 돈으로 물건이 아닌 경험을 사는 사람이다. 명품을 사느니 여행을 가는 스타일이다. 그런 내가 《부자들은 왜 장지갑을 쓸까》라는 책을 읽자마자 처음으로 명품 장지갑을 구입했다. 그 책에서 지갑 가격의 200배가 곧 나의 연봉 액수가 될 것이라고 말했기 때문이다. 지갑 가격이 비싸야만 향후 나의 연봉이 그 금액의 200배가 된다는 저자의 이야기 때문에 명품 장지갑을 구매할 수밖에 없었다.

그런데 내가 비싼 지갑을 샀다고 해서 바로 지갑 가격의 200배만큼 연봉을 받을 수 있었을까? 당연히 그렇지 못했다. 나는 부자의 '생각'을 제대로 이해하지 못한 채 단순히 행동만을 그대로 복사했기 때문이다.

무언가를 따라 할 때에는 그 기저에 깔린 의도를 파악하는 것이 우선이다. 비싼 장지갑을 쓰는 행위는 돈을 인격체로 존중하여 돈에게 편안한 공간을 제공해준다는 의도가 있다. 그에 비해 반지갑을 사용하면 돈이 반으로 접히니 인격체를 가진 돈이 불편해할 수 있다는 점을 고려한 것이다. 또한 비싼 제품은 그만큼 좋은 가죽이나 원단을 사용했을 테니 그 공간 안에 있는 돈이 대접받는다는 느낌을 받을 거라는 의도가 깔려 있다.

이게 무슨 말도 안 되는 이야기냐고 생각할 수도 있다. 나 역시 그랬다. 그러나 저자가 그런 방법으로 부자가 되었다고 하니 그대로 따라 했던 것이다.

여기서 중요한 것은 돈에게 진짜 인격이 있고 없고의 문제가 아니라 '태도'의 문제였다. 돈을 대하는 마음자세를 어떻게 가질 것인가 하는 태도에 대해서 말했던 것이다.

부자의 최종 목표, 세상과의 연대

부자들은 모든 것에 감사하며 모든 것을 존중하는 태도를 지녔다. 그런 부자들의 태도를 보면 그들이 원하는 것이 무엇인지 알 수 있다. 부자들이 진정으로 원하는 것은 '세상과의 연대'이다.

그들이 그렇게 열심히 돈을 버는 이유는 넓고 광활한 세상 속에서 다양한 경험을 하며 삶을 즐기기 위해서이다. 그리고 사랑하는 사람들과 함께할 때 그 행복이 배가된다는 것을 알기에 그들의 목표는 세상뿐만 아니라 사랑하는 사람들과의 연대이기도 하다.

오래 전 KBS에서 〈공부하는 인간〉이라는 다큐멘터리를 본 적이 있다. 각 문화권에 따른 공부 방법이나 현황 등에 대해 이야기하는 내용이었다. 거기에서 "동양인은 서양인과 달리 개인을 넘어

가족, 사회, 국가를 위해 공부하기 때문에, 서양인보다 열심히 공부하고 높은 학업 성취를 보인다"라는 조사 결과가 있다고 이야기했다. 예를 들어, 동양인은 가족을 부양하거나 부모님의 명예에 누가 되지 않기 위해 공부하는 경우가 많다고 한다. 그래서 공부의 동기가 서양인처럼 단순히 자신만 생각하면 되는 것이 아니기 때문에 더 강한 힘을 발휘한다고 했다. 나는 이것도 결국 연대의 힘이라고 생각한다.

재정적 목표 역시 단순히 나 혼자만 잘 먹고 잘사는 것을 원할 때는 그 동기가 비교적 약하다. 하지만 무언가와 연대할 때는 더 큰 동기를 가지고 나아갈 수 있다. 부자들은 의도적으로든 직관적으로든 이것을 잘 알고 있는 사람들이다. 그런 측면에서 본인이 아직 부자가 아니라는 생각이 든다면 혹시 자신이 진짜로 원했던 것이 그저 나의 안위만을 생각했던 것은 아닐까 반추해볼 필요가 있다.

우리도 부자들처럼 모든 것에 감사하고 존중하는 태도를 지니면 된다. 그리고 부자들처럼 조금 더 세상과 연대할 수 있는 목표를 가진다면 우리는 이미 진정한 부자들의 삶을 시작한 것이나 다름없다.

당신이 진짜로 원하는 것은 무엇인가? 당신은 무엇과의 연대를 원하는가?

2장

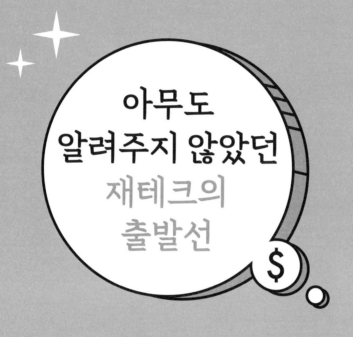

아무도
알려주지 않았던
재테크의
출발선

당신의 노후 준비는
안녕하신가요?

100세 시대, 30년 일해서 70년을 살아야 한다

바야흐로 100세 시대가 시작되었다. 이제는 노후만 50년을 살아야 하는 세상이다. 노후가 50년이라니, 생각만 해도 숨이 턱턱 막힌다.

2018년 채용 트렌드 조사 결과에 따르면, 2018년 상반기 신입 직원 평균 나이는 27.4세이다. 그리고 통계청 조사 결과에 의하면, 2018년 근로자 평균 은퇴 연령은 56.8세로 집계되었다. 이 말은 곧 27.4세부터 56.8세까지 약 30년이라는 한정된 시간 동안 현재의 생활비, 자녀 교육비뿐만 아니라 노후까지 준비해야 한다는 이야기이다. 조금 더 쉽게 풀이하자면, 72년 동안 사용해야 할 돈을 30년 안에 벌어 놓아야 한다는 것이다.

KB금융지주경영연구소에 따르면, 사람들이 원하는 노후 평균 필요 자금은 월 226만 원이다. 100세 시대에서 평균 은퇴 나이가 약 57세라고 한다면, 노후 기간만 무려 43년이다. 월 226만 원을 43년간 사용하려면 총 11억 6,616만 원이라는 자금이 필요하다. 즉, 우리는 은퇴하기 전까지 약 12억 원이라는 큰 금액을 준비해 두어야만 '평균치'에 달하는 노후를 살아갈 수 있게 된다는 결론이 도출된다.

게다가 이것은 현재 시점의 계산이다. 우리가 살고 있는 대한민국은 자본주의 사회이다. 자본주의 사회에서는 물가가 지속적으로 상승하는 인플레이션(inflation)이 짝꿍처럼 따라다닌다. 인플레이션을 어렵게 생각할 필요 없다. 어릴 적 물가와 현재의 물가를 비교해보면 된다.

약 30년 전 내가 어린아이일 때는 100원으로 할 수 있는 것들이 많았다. 그 돈이면 아이스크림이나 과자뿐 아니라 떡꼬치 같은 분식도 사 먹을 수 있었다. 그런데 지금은 어떤가? 평균 10배 이상에 달하는 금액을 내야 한다. 이처럼 시간이 흐르면 흐를수록 물가는 지속적으로 오른다는 것을 누구나 경험해보았을 것이다. 그래서 실제로 우리가 노후를 맞이할 때가 되면 물가 상승으로 인한 화폐가치 하락 때문에 12억 원이란 금액보다 더 큰 비용이 필요하게 될 것이다.

월급만으로 노후 준비가 불가능한 세상

12억 원이란 숫자 때문에 벌써부터 기가 죽는다면 일단 인플레이션은 고려하지 말고 생각해보자. 현시점의 화폐가치로만 계산하더라도 12억 원이 모으기 쉬운 돈은 아니다. 30년 동안 12억 원을 만들려면 1년에 4,000만 원, 즉 한 달에 꼬박꼬박 334만 원씩 모아야 한다.

한 달에 100만 원 모으기도 쉽지 않은 판국에 한 달 월급 또는 그 이상에 달하는 금액을 몽땅 저축해야 간신히 노후를 살아갈 수 있다니……. 월급만으로 노후 준비를 한다는 것은 애당초 불가능하다는 이야기이다.

'그럼 대체 어떻게 살아야 하는 거지?' 이런 커다란 불안감 때문에 우리는 끊임없이 재테크 시장을 기웃거리게 된다. 위의 계산만 봐도 재테크는 더 이상 선택이 아닌 생존을 위한 필수 요건이 되어 버렸다.

생존을 위해서도 반드시 재테크를 해야 하는 세상이지만, 나는 우리 모두가 이 세상에 태어난 이상 부자가 되어야 마땅하다고 생각한다. 한 번뿐인 인생을 매 순간 돈에 얽매여 살아가야 한다면 결코 행복할 수 없기 때문이다.

내가 재테크 강의에서 만나는 수강생들 중에 일주일에 한두 분은 꼭 이런 말을 한다. "돈이 세상의 전부는 아니잖아요. 돈보다 중요한 게 얼마나 많은데요." 당연히 인정한다. 세상에는 돈으로 살 수 없는 값진 것들이 수없이 존재한다는 것을.

하지만 조금 더 솔직해졌으면 좋겠다. 돈이 세상의 전부는 아니며 돈보다 중요한 게 많다는 이유로 더 많은 돈을 원치 않는 분들이라면 굳이 재테크 강의를 들을 까닭도, 이런 종류의 책을 읽을 필요도 없다. 자발적으로 이런 것들을 찾아오신 분들이라면 부자까지는 아니더라도 생존하는데 불안하지 않을 만큼의 돈을 원한다는 사실을 인정해야 한다.

재정적 방향성이 중요한 이유

부자의 절대적인 기준은 없다. 다들 본인이 원하는 만큼의 부자가 되면 된다. 나는 사람들이 돈 때문에 자신이 원하는 것을 포기하지 않았으면 한다. 모두들 바라는 것을 누리고 살았으면 좋겠다. 꿈 같은 소망이라고? 그렇지 않다. 결코 현실적으로 불가능한 일이 아니다. 그동안 불가능하다고 생각했던 이유는 당신에게 '재정적 방향성(financial direction)'이 없었기 때문이다.

재정적 방향성이란 올바른 목표를 가지고 올바른 방향으로 나아가는 것을 의미한다. 예를 들어, 내가 부산에 가려면 우선 가져야 하는 올바른 목표는 '부산행' 열차를 타는 것이다. 부산에 가야 하는데 '전주행' 열차에 올라타고 그 위에서 아무리 부산 방향으로 열심히 뛰어봤자 절대로 부산에 도착할 수 없다. 처음부터 올바른 방향의 열차에 타야 하는 것이다.

그럼 대한민국에서 올바른 재정적 방향성을 가지기 위해서는 어떻게 해야 할까? '자본주의행' 열차를 타야 한다. 아무리 돈을 아끼거나 투자해도, 자본주의의 속성을 고려하지 않는다면 목표점에 도달할 수 없다.

재정적 방향성이 없는 경우에는 대개 이런 식으로 대화가 진행된다.

저　자 "노후 준비는 어떻게 하고 계신가요?"
수강생 "개인연금에 가입했어요!"
저　자 "개인연금만으로 노후 준비가 가능한가요?"
수강생 "그것만으로 충분하진 않겠죠. 앞으로 투자 공부도 좀 해볼 예정이에요. 하지만 전문가가 아닌 이상 투자로 수익을 내는 게 쉽지 않을 것 같아요. 개인연금만 있어서 금액이 많지는 않겠지만, 어쨌든 매달 돈이 들어올 테니까 조금은 안심이에요. 개인연금 가입은 요즘 필수 아닌가요?"

'노후준비 = 개인연금'. 대체 이것은 누가 알려준 방법인가? TV에 나오는 금융 전문가들이 그러던가? 아니면 너도나도 가지고 있는데 나만 없으면 불안해서 가입한 것인가? 실제로 우리나라에서 노후 준비 방법 중에 첫 번째 방법으로 꼽히는 것이 바로 개인연금이다. 이에 걸맞게 우리나라 개인연금 시장의 규모는 100조

원대라고 한다.

사실 노후 준비를 위해 개인연금이라는 방법을 생각하는 것은 큰 숲에서 하나의 나무만을 바라보는 형국이다. 더 큰 문제는 그 나무가 크고 튼튼한 나무인지, 작고 건강하지 못한 나무인지 모른 채 그저 나무를 가꿀 뿐이라는 것이다. 만약 열대우림에서 살아야 하는 나무가 건조 기후를 가진 곳에 심어진다면 건강하게 자라기 어렵다. 이렇듯 우리가 살아가는 환경을 고려하고 그에 맞는 방법을 모색해야 한다.

우리에게 큰 숲은 곧 '자본주의'이다. 자본주의 사회에서는 인플레이션이 동반된다. 물가가 오르면 오래 전 100원이었던 물건이 1,000원이 된다. 이것은 화폐가치의 하락 때문에 벌어지는 일이다.

우리가 개인연금을 가입하는 시기는 보통 현재의 어느 날이다. 예를 들어, 우리는 현재의 화폐가치로 10만 원씩을 개인연금에 넣고 있다. 그런데 그 돈을 돌려받는 시기는 몇 십 년이 지난 먼 훗날이다. 물론 이자가 붙으니 당연히 내가 낸 돈보다는 많이 돌려받겠지만, 물가가 반영되지 않기 때문에 몇 십 년이 지난 후의 화폐가치는 현재와 동일하지 않을 것이다.

개인연금, 물가 상승률을 따라가지 못한다고?

실제로 어느 보험사에서 20세부터 20년간 매월 50만 원씩 개인연금을 납입하면 65세부터 매월 155만 원씩 돌려받을 수 있다고 광고하고 있다. 100세까지 산다고 가정할 경우, 매월 155만 원씩 35년간 총 약 6억 5,000만 원을 받게 된다. 50만 원씩 20년간 내가 낸 총 금액은 1억 2,000만 원인데 그 돈이 나에게 5배가 넘는 액수가 되어 돌아온다. 엄청난 이득일까?

　내가 보기에는 손해이다. 앞에서 내가 약 30년 전에 100원 주고 사먹을 수 있었던 식품들이 이제는 10배가 되는 금액을 내야 한다고 말했다. 긴 시간 동안 어딘가에 돈을 투자했다면 최소한 그 기간 동안의 소비자물가만큼은 올라주어야 겨우 본전이라는 이야기이다.

　그런 측면에서 본다면 위의 개인연금은 이렇게 볼 수 있다. 20세부터 40세까지 총 1억 2,000만 원이라는 돈을 개인연금이라는 상품에 불입하고 그 돈을 25년간 거치하게 된다. 그런데 25년간 물가는 약 10배가 올랐다. 그렇다면 65세에 내 돈은 6억 5,000만 원이 아닌 12억 원이 되어 있어야 하는 게 아닐까? 실제로 통계청 자료에서도 2012년 기준 소비자물가는 30년간 10배가 올랐음을 보여주고 있다. 소비자물가는 10배이지만 그 기간 동안 현물 자산, 특히 부동산은 몇 배가 올랐을까?

　대개 우리의 노후 준비는 친구들이나 유명한 재테크 강사, 또는 자산관리사가 설계해준다. 이것이 바로 우리가 부자가 되지 못하는 가장 큰 이유이다. 누군가의 도움을 받을 수는 있지만, 결국 모든 것은 내가 주체가 되어 확인하고 설계 및 관리해야 한다.

돈에 있어서 무조건적인 신뢰 거래는 불가능하다. 누군가를 믿고 맡기는 순간, 그 돈의 주인은 내가 아닌 타인이 된다. '나는 잘 모르니까…….', '당연히 전문가가 더 잘 알 테니까…….'라는 생각은 안일하기 그지없다. 우리가 살고 있는 이곳은 자본주의 사회이다. 기본 전제에 '이윤 추구'가 들어 있는 세상이다. 서로가 윈-윈하는 거래만 존재한다면 세상이 얼마나 아름답겠는가. 하지만 돈 앞에는 장사 없다. 돈이 결부되는 순간, 각자 자신의 이익을 우선시하게 마련이다.

재테크는 단순히 어떤 '방법'이 아니다. 세상에는 100% 좋은 것도 없고, 100% 나쁜 것도 없다. 그렇기 때문에 개별적인 방법들을 한마디로 옳다 그르다고 이야기할 수 없다. 개인연금이라는 상품의 좋고 나쁨을 이야기하려는 것이 아니다. 자본주의라는 큰 숲을 간과한 채 무조건적으로 다른 이들의 말을 맹신하며 하나의 나무만 바라보는 행동을 경계하자는 말이다.

당신의 노후는 안녕한가? 지금부터라도 우리가 살고 있는 사회 구조를 이해하고, 그 안에서 효과적인 방법으로 자산을 만들어 나가야 한다. 그렇지 않으면 부자는커녕 물가 상승률조차 따라가지 못해 열심히 노력하고도 생존조차 위협받는 지경에 처하게 될 것이다.

왜 불안한지 모르는
아이러니

밑 빠진 독에 물 붓고 있는 사람들

앞서 이야기한 것처럼, 내가 바라는 것에 대한 목표가 명확하다면 월급이 나를 스쳐 지나가도록 그냥 두지 않을 것이다. 그동안 돈이 내 곁에 머물지 않았던 이유는 나 자신이 돈을 지키려는 의지가 없었기 때문이다.

이제 목표는 생겼지만 여전히 불안하다. 왜냐고? 방법을 모르기 때문이다. 오랜만에 만나는 친구들은 나를 보면 다짜고짜 "재테크, 어떻게 해야 돼?"라고 묻는다. 그래서 재테크하는 순서를 설명하려고 하면, 거의 대부분 "그냥 어디다 투자하면 되는지만 알려주면 안 돼?"라고 하면서 내 말을 중간에 잘라 버린다. 과정은 귀찮고, 바로 돈 되는 정보만 알고 싶어 할 뿐이다.

'재테크'라는 단어는 재물을 의미하는 한자 '재(財)'와 기술을 의미하는 영어 'tech(테크)'의 합성어이다. 즉, 재테크란 재물을 전반적으로 관리하는 기술이라는 뜻이다. 재물을 관리하는 기술은 단지 어떤 투자 방법만을 가리키는 게 아니다. 하지만 많은 사람들은 어딘가에 투자하여 수익을 내는 행위만 재테크라고 착각한다.

투자가 하나의 방법인 것은 분명하지만 그것은 차후 문제이다. 투자 이전에 내 삶에 존재하는 중요한 돈이 어떻게 관리되고 있는지 모른다면, 결국 '밑 빠진 독에 물을 붓고 있는 바보 같은 삶'을 살고 있을지도 모른다.

재정적 불안은 무지에서 출발한다

우리가 그토록 열심히 살면서도 불안한 이유는 '모르기' 때문이다. 갑자기 배가 아프면 사람들은 겁을 잔뜩 집어먹는다. 단순히 배탈이 난 건지, 아니면 어떤 큰 병이 잠재되어 있는 것인지 모르니까 불안감에 사로잡힌다. 그러나 병원에 가서 의사에게 아픈 원인을 듣고 나면 안심하게 된다. 만약 병이 생긴거라면 약을 먹거나 치료를 받으면 된다는 사실을 알기 때문이다.

우리가 재정적으로 불안한 이유 역시 어디에 투자해야 할지 몰라서가 아니다. 나의 현재 상태를 모르기 때문이다. 그래서 나의 현재 자산 상태를 먼저 진단해야 해결책을 찾을 수 있다. 나의 재정적 상태를 정확히 알기 위해서는 현재 내가 가진 '자산'과 '부채' 목록을 정리해봐야 한다.

　아래의 〈표 2-1〉은 과거 내가 상담을 한 남하진 씨의 자산 상태이다. 그는 40대의 평범한 직장인이다. 그의 자산 상태 표를 보면서 당신의 자산 상태도 같이 적어보자. 아직 돈을 전혀 모으지 못한 상태라도 괜찮다. 재정적 방향성을 어떻게 가져가야 할지 고려하면서 시작하면 된다.

〈표 2-1〉 40대 남하진 씨의 자산 상태

자　산		부　채	
거주용 부동산	400,000,000원	담보 대출	200,000,000원
적금	20,000,000원		
펀드	5,000,000원		
개인연금	10,000,000원		
자산 합	435,000,000원	부채 합	200,000,000원
총자산		235,000,000원	

　이렇게 나의 총자산이 어디에 얼마만큼 들어가 있는지 정리해보면 내 자산 상태가 한눈에 보인다. 이 자산 상태를 보면서 어떤 생각이 드는가? 대한민국에서 집을 사려면 담보 대출은 불가피하니 대출이 있는 것은 당연하다고 생각하는가? 적금, 펀드, 개인연금을 은행과 증권사, 보험사에 분산 투자하고 있으니 올바른 자산

관리를 하고 있다고 볼 수 있을까?

우리가 지금부터 시작해야 하는 재테크는 '밑 빠진 독'을 체크하는 것이다. 어딘가에 투자하여 수익이 난다고 하더라도, 수익이 나는 것 이상으로 새는 비용이 발생하면 결국 내 자산은 마이너스로 향하게 되기 때문이다.

자본주의 사회에서 대출 없이 집을 산다는 것은 소위 '금수저'에게나 가능한 일이다. 사회 초년생 근로소득자(월급쟁이)가 대출 없이 1억짜리 집을 산다고 가정하면 매달 200만 원씩 저축한다고 해도 50년이 걸린다. 25세부터 일을 시작했다고 가정해도 75세가 되어야 집을 살 수 있는 것이다. 하지만 지금 시점에서 현실적으로 1억짜리 집을 구하기도 어려울뿐더러, 사회 초년생이 처음부터 200만 원씩 저축하는 것도 결코 쉬운 일이 아니다. 또한 시간이 흐를수록 집값이 오르니 당초 계획했던 이상의 돈과 시간이 필요해진다.

물론 월급 액수와 원하는 집의 모습에 따라 집을 구입할 수 있는 나이는 달라질 것이다. 중요한 것은 집값이 굉장히 비싸다는 것이다. 그래서 집을 사려면 대출이 동반되는 것이 당연한 세상이 되었다. 따라서 단순히 표면적인 자산 상태만으로 옳고 그름을 판단할 것이 아니라, 대출에 따른 이자를 고려하여 실질적인 자산 상태가 플러스인지 마이너스인지 알아봐야 한다.

금리를 고려하면, 내 자산 상태가 달라진다

집을 구입하면 대개 대출을 끼고 구입하므로 이자가 발생할 수밖에 없다. 대출 원금은 갚으면 나의 자산이 되지만, 대출 이자는 은행에 지불해야 하는 비용이다. 부채도 자산의 한 종류이므로, 내가 그 자산을 가지고 있음으로써 발생하는 비용을 점검해봐야 한다. 어디서 수익이 나고 어디서 마이너스가 나는지를 알아야 깨진 독에 물 붓는 행위를 막을 수 있다.

〈표 2-2〉 금리까지 고려한 40대 남하진 씨의 자산 상태

자 산			부 채		
거주용 부동산	400,000,000원		담보 대출	200,000,000원	−3%
적금	20,000,000원	+1.5%			
펀드	5,000,000원	−10%			
개인연금	10,000,000원	+4%			
자산 합	435,000,000원		부채 합	200,000,000원	
총자산			235,000,000원		

그렇게 해서 남하진 씨의 자산 상태도 자산에 따른 금리를 고려해야 한다. 비용 계산을 위해 처음에 작성했던 표에서 하나의 항목을 더 추가했다. 바로 금리 퍼센티지이다. 금리는 '작성하는 당일'을 기준으로 적으면 된다. 금리 측면에서 분석하면 남하진 씨의 자산 상태는 다음과 같다.

1. 적금으로 1.5%의 금리를 받고 있다

남하진 씨는 적금으로 1.5%의 이자를 받고 있지만, 담보 대출 때문에 3%의 이자를 은행에 지불해야 한다. 이 말은 곧 적금으로 이자를 '받는' 비용보다 대출로 이자를 '내는' 비용이 크다는 이야기이다. 더하기 빼기 계산을 해보면, [(적금 이자 +1.5%) + (대출 이자 -3%) = (-1.5%)]가 된다. 즉, 대출이 있는 상태에서 적금을 든다는 것은 아무런 수익 없이 은행에게 -1.5%의 이자를 빼앗기고 있다는 것을 의미한다.

2. 펀드 투자로 10%의 손실이 발생하고 있다

남하진 씨는 현재까지 펀드로 10%의 손실을 봤다. 펀드는 운영하는 데에 수수료가 발생한다. 상품에 따라 다르지만 평균 약 3%의 수수료를 내야 한다. 더하기 빼기 계산을 해보면, [(펀드 손실비용 -10%) + (수수료 -3%) = -13%]가 된다. 펀드에서 손실이 나는 퍼센티지뿐만 아니라 수수료까지 감당해야 하므로 마이너스는 더 커진다.

대출이 있는 상태에서 펀드를 들고 있다면 앞서 계산한 -13%에서 은행에 지불해야 하는 -3%의 이자가 추가된다. 즉, [(펀드 손실비용 -10%) + (수수료 -3%) + (대출 이자 -3%) = (-16%)]가 된다. 결론적으로 펀드 투자로 인해 총 16%의 손실이 발생하고 있다.

3. 개인연금 투자로 은행보다 높은 4% 금리를 받고 있다

남하진 씨가 가입한 개인연금 금리는 무려 4%이다. 대출 이자랑 비교해봐도 개인연금에서 받는 금리가 높다. 더하기 빼기 계산을 해보면, [(개인연금 금리 +4%) + (대출 이자 −3%) = (+1%)]가 된다. 드디어 플러스 수익 구조가 생겼다!

앗, 그런데 함정이 있다. 주식이나 펀드에 수수료가 있듯이, 개인연금은 '사업비'라는 것이 존재한다. 사업비는 보험사에서 가져가는 운영 수수료를 표현한 단어이다. 사업비는 최소 10%라고 한다. 금융사가 우리에게 순순히 수익을 줄 리 없다. 그래서 다시 계산을 해보면, [(개인연금 금리 +4%) + (사업비 −10%) + (대출 이자 −3%) = (−9%)]가 된다. 대출이 있는 상태에서 개인연금을 들었더니 오히려 나에게 9%의 손실이 일어나고 있다.

4. 주택 담보 대출로 은행에 3%의 이자를 내고 있다

남하진 씨는 4억 원짜리 집을 살 때 2억 원의 담보 대출에 대한 이자로 3%의 이자 비용을 내고 있다. 집을 구입하려면 대출이 불가피한 경우가 대다수이다. 종종 대출이라는 것에 거부감을 가지는 사람들도 있지만, 집을 구입할 때 발생하는 대출은 결코 나쁜 것이 아니다. 주거 문제를 안정적으로 해결할 기회를 주는 고맙고 필수적인 존재이다.

이와 관련해서는 뒤에 레버리지 설명에서 자세히 언급할 것이다. 그러나 어쨌든 대출은 타인의 자본을 사용하는 것이므로 '이자'라는 대가가 발생한다. 따라서 집을 구입한 이후에는 대출을 갚는 것에 주력해야 한다.

　계산법이 이해가 되는가? 남하진 씨의 자산 상태는 명백한 마이너스 구조를 가지고 있다. 분명히 적금을 들어 꼬박꼬박 저축을 하고, 추가 수익을 위해 펀드에도 가입하고, 노후를 위해 개인연금까지 들었다. 하지만 돌아오는 결과가 어떤가?

　이렇게 정밀한 계산 없이 무조건적으로 돈을 관리하고 있다면 어딘가에 투자를 한다는 것이 무슨 의미가 있을까? 그러니 내 돈을 가지고 있어도 늘 불안에 떨 수밖에 없는 것이다. 이렇게 우리는 자신의 현재 상태에 무지하다.

　먼저 현재 나의 자산 상태를 파악해야, 새는 비용을 막든 투자를 하든 나에게 알맞은 대안을 생각해볼 수 있다. 그럼 이 상태에서 우리는 어떤 재테크를 해야 할까?

전문가를 맹신하지 말고
스스로 올바른 처방 구하기

전문가가 내 문제를 해결해 줄 거라는 착각

보통 우리가 재정적인 부분에 관심을 가지기 시작하는 시기는 직장 생활이나 결혼 생활같이 무언가를 새로 시작할 때이다. 자신의 삶을 스스로 꾸려가기 시작할 때 우리는 본격적으로 돈과 마주하게 된다. 문제는 너무 준비 없이 돈과 맞닥뜨린다는 것이다.

어릴 때부터 부모님께 "아껴 써라!" 같은 말만 들었을 뿐 그 누구도 어떻게 돈을 다루어야 하는지 알려주는 이가 없었다. 그래서 스스로의 인생을 책임져야 하는 우리는 소위 '전문가'라는 사람들의 이야기를 듣기 시작한다. 앞에서 소개했던 직장인 남하진 씨와 같은 자산 상태가 되는 것이다. 금리까지 고려한 40대 남하진 씨의 자산 상태〈표 2-2〉를 다시 한 번 자세히 살펴보자.

사실 남하진 씨는 재테크에 관심이 있는 편이라 자산 관리에 자신감을 가지고 있었다. 그래서 거주용 부동산도 용기를 내어 구입할 수 있었다. 다만, 부채액이 크기 때문에 한 푼이라도 더 돈을 모아야 한다는 생각에 은행에 적금을 들었다. 저축은 기본 중의 기본이니까 말이다.

그런데 적금은 이율이 너무 낮아 수익을 내는 용도는 아니라는 생각이 들었다. '하이 리스크 하이 리턴(high risk high return, 큰 위험을 감수해야 큰 수익을 얻는다)'이라고, 어느 정도의 위험을 감수해야 수익이 발생하는 거 아니겠는가? 때마침 은행에 갔는데 창구 직원이 좋은 펀드 상품을 추천해 주었고, 바로 가입했다.

얼마 후, 남하진 씨의 친구가 자산관리사를 소개시켜주었다. 그는 젊었을 때부터 자산을 잘 관리해야 노후에 안정적으로 살 수 있다면서 남하진 씨의 라이프 사이클을 고려해 단기, 중기, 장기로 세분화시켜서 자산을 관리할 수 있도록 설계해주었다. 또한 노후를 위해 가장 필요한 것은 개인연금이라고 조언했다. 이렇게 남하진 씨는 전문가의 조언을 충실히 따르며 나름 열심히 돈을 관리하고 있었다.

자산의 마이너스 구조부터 없애라

그는 전문가의 이야기를 듣고 자산을 설계했지만 그 어디에서도 수익이 나지 않고 있었다. 전문가들에게 왜 이런 상태냐고 묻는다면, 그들은 원래 투자는 장기적으로 해야 하는 것이라고 말할 것이다. 그리고 시간이 지나면 결국 수익이 날 것이니 기다리라고 덧붙일 것이다.

당장 머리가 아파 참을 수 없어서 병원을 찾았는데 왜 머리가 아픈지, 얼마나 아픈지를 고려하지 않고 치통약을 처방해주면서 무작정 기다리라는 것과 다를 바가 없다. 약이 효능을 발휘하는 데에는 시간이 걸리니 아파도 참고 견디라고, 그럼 언젠가는 결국 나을 거라면서 말이다.

위와 같은 자산 상태에서는 어떻게 하는 게 옳은 방법일까? 답은 매우 간단하다. 마이너스가 나는 자산 구조를 없애면 된다.

앞에서 계산해보았듯이 남하진 씨가 가입하고 있는 모든 상품들(적금, 펀드, 개인연금)은 그의 소중한 자산을 마이너스로 만들고 있는 원흉이었다. 실제로 얼마의 비용이 지출되고 있는지 계산해보겠다.

1. 대출: 대출 원금 2억 원, 연 이자율 -3% = 1년 약 [-600만 원]

2. 적금: 2,000만 원, 연 이자율 +1.5% = 1년 약 [+30만 원]

3. 펀드: 500만 원, 연 수수료율 -3% = 1년 약 [-15만 원], 연 수익률 지속적으로 -10%일 경우 = 1년 약 [-50만 원] / 수수료와 마이너스 수익률 총 1년 약 [-65만 원]

4. 개인연금: 1,000만 원, 연 사업비 -10% = 1년 약 [-100만 원], 연 이자율 +4% = 1년 약 [+40만 원] / 총 1년 약 [-60만

원]

5. **지출**: 결과적으로 [대출 -600만 원] + [적금 30만 원] + [펀드 -65만 원] + [개인연금 -60만 원] = 1년 금융비용 총 [-695만 원]

(위의 표에 적은 금액은 현시점이므로, 매달 추가로 불입되는 금액 때문에 합계액의 변화가 있을 수 있다. 구조를 살펴보기 위한 예시 이므로 자잘한 계산은 생략했다.)

가만히 있어도 1년에 금융비용만 약 695만 원이 지출된다. 만약 남하진 씨가 마이너스 구조가 나는 자산들을 없애고 대출부터 조기 상환한다면 어떤 변화가 일어날까? 다음과 같이 2단계에 걸쳐 변경을 시도해보았다.

*1단계: [(적금 2,000만 원) + (펀드 500만 원) + (개인연금 1,000만 원) = (총 3,500만 원)]을 모두 해약하고 대출금의 일부를 조기 상환한다. 그러면 [(대출 원금 2억) - (상환금액 3,500만 원) = (남은 대출 원금 1억 6,500만 원)]

*2단계: 대출 원금 1억 6,500만 원, 연 이자율 -3% = 1년 약 [-495만 원] 금융비용 지출

기존대로 자산 관리를 하면 연간 695만 원이 지출되지만, 마이너스가 나는 구조를 정리하니 무려 200만 원이 절약되었다. 어딘

가에 투자해서 연간 200만 원의 수익을 내는 것은 결코 쉽지 않다. 그러므로 큰 수익을 얻은 것과 다름없다.

이렇게 재테크라는 것은 어딘가에 투자하기 이전에 새는 비용부터 정리하는 것이 우선이다. 어딘가에서 수익이 나더라도 그 돈으로 마이너스를 메꿔야 한다면 그것은 재테크가 아니다.

미국의 석유 재벌 존 록펠러(John Rockefeller)도 "수익보다 비용 절감이 먼저다"라고 말했다. 미래 수익은 예측이 어렵고 마음대로 움직일 수 없는 영역이지만, 비용 통제는 내가 조절할 수 있다는 사실을 꼭 기억하자.

집값이 너무 비싸기 때문에 대출 없이 집을 사는 것은 실제로 매우 벅찬 일이다. 무주택자야 대출이 없을 수 있지만, 집이 있으면 대출을 보유하는 것은 불가피한 경우가 많다.

그렇다고 대출을 내 삶의 동반자처럼 당연시하는 태도는 옳지 않다. 나에게 수익을 가져다주는 레버리지용 대출이 아니라면 빨리 갚아야 내 자산의 마이너스를 줄일 수 있다. 실제로 많은 사람들이 대출을 빨리 갚을 수 있지만, 이렇게 계산을 하나하나 정밀하게 해보지 않고 자산을 방치하기 때문에 지속적인 마이너스 국면으로 들어서고 있는 것이다.

결론은 나의 자산 상태에 마이너스가 나는 결괏값이 나왔다면, 마이너스를 최소화하는 방안을 찾아야 한다는 것이다. 이 경우 첫 번째 대안은 위에서 계산한 것처럼 되도록 대출을 빨리 갚는 것이 가장 빠른 재테크 방법이다.

인플레이션을 이길 실물 투자를 하라

하지만 아무런 대안 없이 무조건 대출만 갚자니 또 불안한가? 계산상으로는 대출을 갚는 게 맞는 방법이라는 걸 알아도, 사람의 감정이라는 게 꼭 계산대로만 움직여지지는 않는다. 대출을 갚는 방법 말고 다른 대안은 없을까?

있다. 대출 이자보다 큰 수익이 나는 투자를 하는 것이다. 대체 그 투자법은 무엇일까? 그것은 주식 투자가 될 수도 있고, 부동산 투자가 될 수도 있고, 또 다른 어떤 것일 수도 있다.

지금 우리가 살고 있는 곳은 자본주의 사회이다. 자본주의 사회에서는 인플레이션이 동반된다. 즉, 물가 상승이 지속적으로 일어나고 있기 때문에 실물의 가치는 상승하고, 반대로 화폐의 가치는 하락한다. 그럼 하락하는 가치를 지닌 화폐(돈) 말고, 상승하는 가치를 지닌 실물에 투자하는 것이 자본주의 사회에서 생존할 수 있는 하나의 방법이 아닐까?

실물 투자의 사례를 하나 들어보겠다. 이것은 내가 처음으로 했던 부동산 투자 사례이기도 하다. 부동산 투자에도 아주 다양한 종류와 방법이 있으므로 지금부터 이야기할 내용은 이해를 돕기 위한 하나의 사례로만 참조해주었으면 한다.

부동산 투자를 결심할 당시 나는 자본금이 적었기 때문에 시세가 저렴한 소형 아파트를 물색했다. 수도권이지만 가격이 상대적으로 낮은 인천 지역에 1억짜리 아파트(56m²)를 찾았다. 하지만 당시 나는 1억 원이란 돈이 없었으므로 대출을 최대한 활용했다. 연이율 3%로 7,000만 원을 대출받았더니 매월 17만 5,000원의 대출 이자를 내야 했다.

나는 이 아파트에서 월세를 받았다. 보증금 500만 원에 월세 40만 원이었다. 1억짜리 아파트였지만 대출은 7,000만 원을 받고, 보증금으로 500만 원을 받았으므로 실제 내가 투자하는 데 필요했던 금액은 2,500만 원에 불과했다. 물론 취득세, 등기비, 중개비 등으로 약 200만 원은 추가 지불해야 했다.

나는 월세로 받은 40만 원 중에서 17만 5,000원을 아파트 대출 이자로 냈는데, 이자를 내고도 나에게 매달 22만 5,000원이 남았다. 결국 200만 원의 부대비용을 포함하여 총 2,700만 원을 투자했고, 그로부터 연 270만 원(22만 5,000원×12개월)의 수익을 창출했다. 투자 수익률은 10%였다.

이런 식으로 내 것이 아닌 돈을 지렛대 삼아 수익을 내는 것을 레버리지 투자라고 한다. 이렇듯 대출 이자보다 큰 수익이 나는 투자를 하면 내 자산이 마이너스가 아니라 플러스가 되기 시작한다.

하지만 여전히 레버리지를 부담스러워하는 분들을 위하여 레버리지가 얼마나 부동산 투자에 이익을 주는지를 앞에서 살펴본 남하진 씨의 부동산 투자 리모델링을 통해 좀 더 알아보자.

남하진 씨는 실제로 거주하는 데 필요한 부동산(4억 원)을 제외하고 마이너스 구조를 만들던 나머지 금융 자산(적금, 펀드, 개인연금)을 정리했다. 그리고 그 돈을 종잣돈 삼아 투자용 부동산을 구

자 산			부 채		
거주용 부동산	400,000,000원		담보 대출1 (거주용 부동산)	200,000,000원	-3%
투자용 부동산	100,000,000원	+10%	담보 대출2 (투자용 부동산)	70,000,000원	-3%
			월세보증금	5,000,000원	
자산 합	500,000,000원		부채 합	275,000,000원	
총자산			225,000,000원		

입했다. 투자용 부동산 덕분에 월세보증금이 생겼지만, 월세보증금은 다시 돌려줘야 하는 돈이므로 부채로 잡는다. 이렇게 레버리지(담보 대출)를 일으켜 자산 구조를 변화시킨다고 했을 때 다음과 같은 결과가 나온다.

거주용 부동산 담보 대출 2억 원에 대한 대출 이자 3%로 인해 연간 600만 원의 금융비용이 지출되지만, 투자용 부동산으로 연 270만 원의 수익(22만 5,000원 × 12개월)을 얻게 되므로, 결과적으로 부동산 담보 대출로 인한 지출 비용은 총 330만 원이 된다.

그동안 남하진 씨가 해왔던 3가지 재테크 투자 방법들을 정리하면 이렇다.

1. 대출금을 유지한 채 금융 투자하기

거주용 부동산 대출은 대출대로 두고, 금융 투자(적금, 펀드, 개인연금 등)를 할 경우에는 연 695만 원의 지출이 생긴다.

2. 금융 자산 해약하고 대출금 줄이기

금융 자산을 해약하고 대출을 갚으면 연간 495만 원의 비용만 발생한다. 따라서 1번 방법보다는 200만 원이 절감된다.

3. 금융 자산 해약하고 수익형 부동산에 투자하기

금융 자산을 해약하고 그 종잣돈으로 수익형 부동산에 투자 시, 거주용 부동산의 담보 대출 상환 비용은 연 330만 원이다.

3가지 방법을 모두 살펴본 결과, 남하진 씨는 기존 자산 구조에서 절반 이상의 비용이 절감되는 3번을 선택할 수밖에 없었다. 이렇듯, 자산 상태에 알맞은 대안을 처방할 수 있는 것은 나 자신뿐이다. 전문가의 의견을 참고하는 것은 좋지만, 각자가 가진 자산 상태가 모두 다르기 때문에 스스로 어디가 아픈지 먼저 진단해보는 것이 우선이다. 전문가를 무조건적으로 맹신하면 안 된다. 결국 모든 책임은 당신이 져야 한다는 것을 잊지 말자.

전문가가 수수료나 사업비를 가져가기 위해서 본인들에게 유리한 대안을 제시하는 것인지, 아니면 진짜 나를 위한 대안을 제시하는 것인지 분별할 수 있는 능력이 필요하다. 이곳은 자본주의 사회이다. 안타깝게도 돈 앞에서는 자비가 없는 경우가 대부분이다.

가계부를 써도 왜 삶은
나아지지 않을까?

가계부는 일기가 아니다

새해가 되면 헬스클럽과 영어 학원의 등록률이 높아진다. 뿐만 아니라 가계부의 판매량도 늘어난다. 연초를 맞이하여 새로운 마음으로 다이어트나 영어 공부, 그리고 지출 관리를 결심하기 때문이다.

하지만 결심했던 것을 좋은 결과물로 만들어내는 사람은 많지 않다. 자동반사적으로 세운 '새해 계획'이기 때문에 작심삼일로 그치는 경우가 다반사이다.

삶을 바꾸기 위해 가장 필요한 행위는 앞에서 말했듯이 진짜 내가 원하는 목표를 정하는 것이다. 그래야 스스로를 움직이게 만드는 동력을 얻을 수 있다.

하지만 목표가 있다고 해서 누구나 그것을 이룰 수 있는 것은 아니다. 실제로 자신의 삶에 긍정적인 변화를 만들어내고 싶다면 올바른 방법을 사용해야 한다.

우리는 매해 '가계부 쓰기'를 다짐하지만, 매번 지속하지 못하고 포기하는 이유는 간단하다. 가계부를 통해 어떠한 변화도 느낄 수 없었기 때문이다.

앞에서 이야기한 자산관리 사례처럼, 올바른 방향성인지 점검하지 않으면 쓸데없는 수고만 지속할 뿐이다. 내 삶에 도움이 되기는커녕 에너지만 소진하는 노력은 이제 그만 멈춰야 하지 않을까. 우리가 열심히 가계부를 써도 삶이 변하지 않았던 이유는 대체 무엇일까?

바로 가계부 쓰는 방식에 문제가 있었기 때문이다.

〈표 2-4〉 일반적인 가계부 작성 스타일

날 짜	지출 항목	금 액
9/10	커피	4,100원
	저녁식사	8,000원
9/11	마트	38,500원
9/12	주유	30,000원

어떤가? 너무나 익숙한 가계부이다. 당신도 혹시 이렇게 작성하고 있지는 않은지? 우리가 가계부를 쓰는 이유는 들어오고 나가는 돈을 '관리'하기 위해서이다. 그런데 지출 내역의 단순한 기록

은 돈을 관리하는 데에 아무런 도움이 되지 않는다. 오늘 커피를 마시고 저녁에 외식을 했다거나, 그 다음날 장을 봤다거나, 또 다른 날에는 주유를 했다와 같은 사실은 가계부가 아닌 일기장에 적어도 되는 내용들이다.

이렇게 가계부를 쓰는 것이 돈 관리에 도움이 되지 않았기 때문에 가계부를 쓰는 일이 작심삼일에 그칠 수밖에 없었던 것이다.

가계부, 제대로 다시 써라

그럼 도대체 삶을 변화시킬 수 있는 가계부는 어떻게 써야 하는 것일까? 들어오고 나가는 돈을 체계적으로 관리할 수 있게 도와주는 가계부가 되면 된다.

즉, 가계부를 수입과 지출로 크게 나눈 후, 수입은 여러 군데에서 들어오는 경우가 많지 않기 때문에 하나로 정리하고, 지출 항목을 고정지출, 변동지출, 자산지출이라는 3가지 카테고리로 정리하면 된다. 다음 표와 같이 가계부를 작성해보자.

1. 고정지출을 파악하라

고정지출이란 관리비, 공과금, 통신비, 보험료, 자녀 교육비(어린이집)와 같이 매달 반복적으로 나가는 지출을 의미한다.

아래 표 사례의 경우, 고정지출로 130만 원을 쓰고 있다. 좀 더자세히 살펴보면, 아파트 관리비로 20만 원, 부부 휴대폰 요금으

〈표 2-5〉 제대로 쓴 가계부 작성 사례

수입		지출	
		고정지출	
		관리비	200,000원
		통신비	200,000원
		보험료	400,000원
		자녀 교육비	400,000원
		교통비	100,000원
		고정지출 합	1,300,000원
		변동지출	
근로소득	3,000,000원	생활비	1,000,000원
		용돈	200,000원
		변동지출 합	1,200,000원
		자산지출	
		적금	200,000원
		개인연금	200,000원
		펀드	100,000원
		자산지출 합	500,000원
수입 합	3,000,000원	지출 합	3,000,000원

로 20만 원, 4인 가족의 보험료로 40만 원, 자녀 교육비(첫째 아이 학원비 20만 원, 둘째 아이 어린이집 15만 원과 수업 재료비 5만 원)로 40만 원, 그리고 대중교통 비용과 유류비로 총 10만 원을 사용하여 매달 130만 원을 필수 고정 비용으로 지출하고 있다. 이 정도면 소득 대비 적정한 수준의 고정지출로 볼 수 있다.

2. 변동지출을 파악하라

고정지출은 삶을 유지하기 위해 필수적으로 나가는 지출이기 때문에 내 의지로 통제가 불가능하다. 하지만 생활비나 용돈은 내 의지로 통제할 수 있기 때문에 '변동지출'로 표기하여 파악해보겠다.

요즘은 대부분의 사람들이 신용카드를 사용하기 때문에 한 달 생활비로 얼마를 쓰는지 모르는 경우가 많다. 당신이 이에 해당한다면, 약 세 달치 신용카드 내역서를 보면서 한 달 평균 생활비를 계산해보면 된다.

표 〈2-5〉의 변동지출을 살펴보면, 생활비 100만 원, 용돈 20만 원으로 총 120만 원을 사용하고 있다. 생활비 내역은 매달 조금씩 차이가 있긴 하지만, 식료품비 40만 원, 생필품비(샴푸, 각종 세제 등) 10만 원, 외식비 20만 원, 의류비 10만 원, 아이들 장난감 10만 원, 경조사비 10만 원으로 구성되어 있다. 용돈은 부부가 각자 10만 원씩 사용하고 있는데, 주로 커피값과 담뱃값 등으로 사용하고 있다. 변동지출 역시 소득 대비 적정한 수준으로 판단할 수 있다.

3. 자산지출을 파악하라

자산지출은 적금, 개인연금, 주식(펀드) 등과 같이 나의 자산 형성을 목적으로 따로 빼놓는 돈이다. 모이면 내 자산이 되는 돈이지만, 표면적으로는 매달 내 수입(월급)에서 빠져나가기 때문에 가계부상에서는 지출로 잡았다.

이 사람은 매달 은행에 적금 20만 원(일반적금 10만 원, 청약저축 10만 원), 보험사에 노후를 위해 가입한 개인연금 20만 원, 은행보다 더 나은 수익을 기대하며 증권사에 가입한 펀드 10만 원, 이렇게 총 50만 원을 자산지출로 사용하고 있다. 현재 시점에서는 지출로 잡지만, 미래의 자산 형성을 위한 비용이므로 '자산지출'로 정의하는 것이다. 자산지출은 많으면 많을수록 당연히 좋겠지만, 수입과 지출에 무리가 가지 않는 선으로 맞추어야 한다.

가계부로 나의 삶을 바꾸는 4단계

어떤가? 나의 수입과 지출이 어떻게 이루어지고 있는지 한눈에 들어오지 않는가? 이렇게 제대로 가계부를 쓰면 우리의 삶을 바꿀 수 있다. 다시 〈표 2-5〉의 가계부 분석을 통해 어떻게 내 삶이 바뀌는지 살펴보자.

1단계: 변동지출의 가용 금액 계산하기

〈표 2-5〉의 가계부에 변동지출을 제외한 나머지, 즉 수입(근로소득)과 고정지출, 자산지출부터 적는다. 그리고 나서 내가 변동지출로 쓸 수 있는 금액이 얼마인지 계산해본다.

그 결과, 수입(300만 원)에서 고정지출(130만 원)과 자산지출(50만 원)을 빼면 120만 원이다. 즉, 120만 원을 생활비와 용돈으로 쓸 수 있다는 결론이 나온다.

변동지출 금액은 미리 정해놓는 것이 아니고 이런 식으로 한 달에 얼마를 쓸 수 있는지 가용 금액을 확인하는 작업부터 시작한다.

2단계: 세 달치 변동지출 평균값과 변동지출의 가용 금액 비교하기

먼저 지난 세 달치 생활비(용돈 포함)의 평균 금액을 확인해보자. 그 액수가 위에서 계산한 120만 원이라는 결괏값과 비슷한지 비교해본다. 총 3가지 경우가 도출된다.

1. 비슷할 경우에는 그대로 유지한다.
2. 남는 경우, 즉 120만 원보다 덜 쓴다면 나머지 금액은 '자산지출'로 이동한다.
3. 모자랄 경우, 도저히 생활비를 줄일 수 없는 상태라면 자산지출을 줄이거나, 수입을 늘릴 수 있는 방법을 찾아야 한다.

3단계: 하루 유용 금액의 한도 정하기

여기까지 정리가 되었다면, 이제는 하루에 쓸 한도를 정해보겠다. 고정적으로 나가는 비용들을 제외하고 변동지출(생활비 + 용돈)로 한 달 동안 사용 가능한 금액은 120만 원이다. 이 금액을 30일로 나누어 하루에 사용 가능한 한도를 계산해본다. 120만 원을 30일로 나누면 하루에 4만 원을 쓸 수 있다. 이렇게 한도를 정하면 돈에 대한 막연한 스트레스가 줄어든다.

4단계: 지출 규모 결정하기

〈표 2-5〉의 주인공은 하루에 4만 원 이하의 지출만 유지하면 자산 관리에 있어서 특별히 문제가 발생할 여지가 없다. 즉, 하루에 4만 원이라는 한도가 지켜지면, 그 비용 내에서는 '무엇을 먹었다, 무엇을 구매했다'라는 '디테일한 항목 내용'이 중요하지 않다는 말이기도 하다.

물론 상세한 내용을 일일이 기록하면 내가 어디에 돈을 많이 사용하는지 파악할 수 있으므로 비용을 조절하는 데에 도움이 되기는 한다. 이럴 때에는 자동으로 통계를 내주는 가계부 애플리케이션을 이용하면 더 편리하다. 어쨌든 돈을 관리하는 데에 있어 디테일한 항목들은 '비용 관리'의 가장 중요한 요소는 아니라는 것이다.

만약 오늘 3만 원밖에 안 썼다고 하면 하루 사용 가능 한도 4만 원 중에 1만 원이 남게 된다. 그럼 그 다음날은 전날 남은 1만 원에 새로 생긴 하루 한도 4만 원을 더해 5만 원까지 써도 된다는 것을 인지하고 돈을 사용하면 된다.

매일 같은 금액을 사용하는 것은 현실적으로 불가능한 경우가 많다. 나의 경우는 일주일 단위로 사용 가능한 금액을 빼놓는다. 하루 한도 4만 원씩 7일이면 28만 원이므로, 일주일에 28만 원 선에서 자유롭게 사용하는 것이다. 이렇게 '하루 한도'이든 '주 한도'이든 자신의 라이프스타일에 맞게 잘 지킬 수 있는 방법을 선택하면 된다.

가계부는 일기처럼 내가 어디에 돈을 사용했는지에 대한 기록이 아니다. 내가 하루, 한 주, 또는 한 달 동안 사용할 수 있는 돈의 한도를 알려주고 통제하는 역할을 해주는 것이 가계부이다. 이제야말로 돈이 들어오고 나가는 것을 제대로 관리할 수 있는 가계부 작성법을 배운 셈이다.

"나는 돈이 없어!"라는 거짓말

피터 드러커에게 배우는 자산 관리법

내가 사람들에게서 가장 많이 듣는 말은 무엇일까? 바로 "돈이 없어!"라는 말이다. 돈이 있고 없고의 기준은 천차만별이지만, 일을 하고 있어 수입이 있는 상태라면 돈이 없다는 말은 거짓말이다. 다만, 그 돈이 어떻게 사용되고 있는지 관심을 기울이지 않았을 뿐이다.

우리가 굳이 가계부를 쓰는 이유는 스쳐 지나가 버리는 돈이 내 손 안에 실존하고 있음을 두 눈으로 직접 보기 위해서이다. 사실 '두려움'이라는 감정은 보이지 않기 때문에 생겨난다. 그런 경우 두려워하는 대상을 직시하고, 잘못된 부분을 올바른 방향으로 개선하면 된다.

보이면 변화시킬 수 있다. 막연한 두려움을 떠안고 살 것이 아니라 내가 가진 돈을 지금 이 자리에서 한눈에 보이게 만들어야 한다.

이와 관련해서 귀담아 들어야 할 말이 있다. 현대경영학을 창시했다고 평가받는 피터 드러커(Peter Drucker)는 "측정할 수 없으면 관리할 수 없다. 관리할 수 없으면 개선할 수 없다"라는 말을 했다. 우리도 돈에 대해 막연히 두려워할 것이 아니라 수입과 지출을 숫자로 드러내어 측정하면 제대로 돈을 관리할 수 있다. 그러면 당연히 두려움에서도 벗어날 수 있다.

구체적인 사례를 살펴보겠다. 다음 〈표 2-6〉은 자녀가 있는 한 가정의 가계부이다.

수입은 근로소득 300만 원이 전부다. 고정지출로는 보험료, 대출 이자, 통신비, 관리비, 공과금, 어린이집 비용으로 130만 원, 변동지출은 생활비와 용돈으로 120만 원, 자산지출은 적금, 개인연금, 펀드에 50만 원을 쓰고 있다. 얼핏 보면 나가야 할 돈이 나가고 있는 것처럼 보인다. 그래서 가계부를 쓴다고 특별히 달라지는 것은 없을 거라고 느껴질 수 있다.

그러나 앞에서 보았듯이, '미래를 위한 투자'라고 생각했던 부분들이 내 자산 상태를 마이너스로 만들고 있을지도 모른다. 불필요하게 초과되는 비용만 절감해도 몇 년 만 지나면 인생이 확연히 달라질 수 있다.

수입		지출	
		고정지출	
		보험료	500,000원
		대출 이자	300,000원
		통신비	100,000원
		관리비	100,000원
		공과금	100,000원
		어린이집	200,000원
		고정지출 합	1,300,000원
근로소득	3,000,000원	변동지출	
		생활비	1,000,000원
		용돈	200,000원
		변동지출 합	1,200,000원
		자산지출	
		적금	200,000원
		개인연금	200,000원
		펀드(적립식)	100,000원
		자산지출 합	500,000원
수입 합	3,000,000원	지출 합	3,000,000원

무조건 절제가 절약은 아니다

〈표 2-6〉의 가계부를 분석하기 전에 한 번 더 짚고 넘어가야 하는 부분이 있다. 우리가 돈에 대해 공부할 때 가장 중요하게 강조하는 요소 중 하나는 '절약'이다. 우리는 어릴 때부터 부자가 되는 데에 있어 절약이 가장 기본적이고 필수적이라고 배운다.

그러다 보니 조기 한 마리를 천장에 매달아 놓고 밥 한 술 먹을 때마다 쳐다보게 했다는 자린고비설화까지 만들어진 것이다.

대체 절약이란 무엇일까? 먹고 싶은 것을 먹지 않고, 사고 싶은 것을 사지 않는 것이 절약일까? 그게 아니면 돈을 최대한 아끼는 것이 절약일까?

우리는 절약의 의미를 잘못 알고 있는 것 같다. 절약은 무조건 참는 행위가 아니라, 올바른 곳에 지출하는 선택이다. 그럼 '올바르다'는 기준은 무엇일까? 각자마다 가치의 기준이 다르므로 어딘가에 지출하는 것을 두고 옳고 그르다고 평가할 수는 없다.

다만 사람이 살면서 필수적으로 지출할 수밖에 없는 의식주를 중심으로 올바름의 기준을 생각해 볼 수 있다. 우리는 거주할 공간이 필요하고, 먹고 입어야만 살 수 있다. 이는 선택이 아닌 생존의 영역이다.

혹시 이 글을 읽고 있는 독자들 중에 지금껏 물가가 떨어진 것을 경험한 사람이 있는지? 당연히 없을 것이다. 물가는 계속해서 올랐다. 식비도 올랐고, 집값도 올랐다. 우리가 살고 있는 곳이 자본주의 사회이기 때문에 지속적인 인플레이션을 경험한다. 그래서 '물가 안정'이란 말은 들어봤어도 '물가 하락'이란 이야기는 없는 것이다.

그럼 월급은 어떤가? 매년 물가가 오를 때마다 우리의 월급도 물가만큼 상승하는가? '연봉 동결'이란 소리가 왜 그렇게 많이 들려오는지. 설령 연봉이 인상되더라도 물가만큼 쭉쭉 올라가지는 않는다. 들어오는 돈은 그대로인데 나가는 돈은 내 의지와 상관없이 늘어나는 상황이다.

그런데 물가가 올랐다고 밥을 굶을 수는 없는 노릇이다. 의식주, 즉 생존 영역에 대한 물가 상승 때문에 불가피하게 지출이 계속 늘어나는 상황에서, 먹을 거 덜 먹고 사고 싶은 거 안 산다고 내 지출이 줄어들까? 절약하면 할수록 궁핍해지는 세상에서 덜 쓰는 노력이 의미가 있을까?

절약이 무의미하다는 이야기는 결코 아니다. 돈 관리의 순서를 생각해보자는 말이다. 무조건적인 절제 말고 불필요하게 새는 비용부터 체크해보자는 것이다. 나도 모르게 새는 비용을 막을 수 있다면 그게 바로 진짜 절약이다.

새는 돈, 고정지출과 자산지출에서 막아라

다시 위의 〈표 2-6〉으로 돌아가 새는 비용을 확인해보자. 사람들은 보통 절약을 위해 변동비 지출을 줄이려고 노력한다. 고정지출은 자신의 의지와 상관없이 지출할 수밖에 없는 절대 비용이라고 생각하고, 자산지출은 미래를 위한 투자라고 생각하기 때문이다.

하지만 절약에 앞서 가장 먼저 살펴보아야 할 부분은 오히려 변동지출 이외의 것들이다. 변동지출은 먹고 입는 비용과 더불어 개인의 가치가 반영된 지출이기 때문에 비용의 옳고 그름을 따질 수 있는 영역이 아니다. 물론 낭비가 심하면 문제가 되겠지만, 그렇지 않은 경우에는 대부분 고정지출과 자산지출에서 새는 비용이 발생한다.

앞의 남하진 씨의 사례에서 보았듯이, 자산지출에 투자하는 비용은 대출이 있는 상태라면 오히려 내 자산을 마이너스로 만드는 요소다. 그 기준대로 펀드와 개인연금을 해약하면 오히려 월 30만 원의 여유자금이 생긴다.

만약 대출이 없다면 펀드와 개인연금을 유지해도 될까? 돈은 숫자이고, 숫자는 계산에 기반한다. 펀드와 개인연금의 수익률을 계산해보자.

1. 적립식 펀드, 종잣돈 마련 수단으로 적절하지 않다

기본적으로 월 10만 원씩 1년을 모으면 120만 원이 된다. 이 돈을 은행에 맡기면 원금 손실은 없지만, 금리가 매우 낮기 때문에 추가 수익도 거의 없다.

투자는 '하이 리스크, 하이 리턴', 즉 위험성이 클수록 고수익을 얻을 수 있는 법이니 약간의 수익이라도 더 얻기 위해 펀드에 가입한다. 그런데 펀드는 내 돈을 맡아 운영해주는 대신 수수료를 가져간다. 수수료율이 연 3%라면 이 펀드에서 연 3%의 수익이 발생해야 겨우 본전이다. 본전을 넘어서려면 최소한 3%를 초과하는 수익률이 나와주어야 한다.

워런 버핏은 "예언은 미래를 보여주기보다 예언한 사람의 허약함을 더 잘 보여준다는 이론에 근거해 발전해왔다"라고 말했다. 이처럼 인간이 미래를 100% 맞힌다는 것은 불가능하다.

펀드는 미래를 예언해야 하는 영역에 속한 상품이다. 공부를 통한 예측이 어느 정도 가능하긴 하지만, 그것이 매번 정답이 될 수는 없다. 즉, 연 3% 이상의 수익률을 보장할 수 없는 펀드는 '종잣돈 마련을 위한 수단'으로 활용하기에는 적절하지 않다. 물론 남는 여윳돈을 굴리는 것이라면 상관없다.

2. 개인연금, 내 자산을 초기화시킨다

우리는 노후를 위한 수단으로 '개인연금'에 의지한다. 그러나 자본주의 사회라는 기준을 두고 보았을 때 개인연금에는 세 가지 구조적인 문제점이 있다.

첫째, 펀드에서 수수료를 떼어가듯, 개인연금 역시 '사업비'라 불리는 운영 수수료를 가져간다. 이 때문에 개인연금에서 제시한 금리가 실질적으로 반영되지 않는다. 예를 들어, 저금리 시대에 개인연금 금리가 4%라고 하면 은행보다 이율이 높아 훨씬 이익이라고 생각한다. 그러나 개인연금의 평균 사업비는 10%를 웃돈다.

쉽게 생각해서 내가 연금으로 한 달에 10만 원을 불입한다고 가정하면, 그 돈에서 사업비로 10%인 1만 원을 제하고, 나머지 9만 원에서 4%의 금리를 주는 것이다. 은행처럼 원금에서 바로 이자를 주는 것이 아니기 때문에, 수수료 계산법을 인지해야 한다.

둘째, 보통 개인연금을 가입하는 시점은 대개 20~30대이고, 연금 개시 시점은 대략 50~60대이다. 인플레이션을 고려하면 30년 동안의 소비자물가 상승률은 약 10배이다. 그러니 30년 전 매달 내던 20만 원과 30년 후에 매달 돌려받는 20만 원의 화폐가치는 크게 달라져 있을 것이다.

개인연금은 국민연금과는 다르게 물가 상승률을 반영해주지 않는다. 물론 이자가 붙기 때문에 내가 낸 원금보다는 많은 액수가 되지만, 화폐가치의 하락을 고려하면 그 금액을 받을 시점에는 푼돈이 될 가능성이 높다.

셋째, 개인연금은 내 자산을 초기화시킨다. 이해를 돕기 위해 다음 표를 살펴보자.

〈표 2-7〉 투자 방식에 따라 달라지는 나의 자산

투자 사례	은경 은행 적금 가입	창수 보험사 개인연금 가입	희민 부동산 월세 소득
원금	1억 원		
월 수익	12만 원	30만 원	40만 원

첫 번째 투자 사례인 은경 씨는 매달 적금으로 모은 1억 원을 60세에 은행에 예치시켜놓고 매달 12만 원을 이자로 받는다. 두 번째 사례인 창수 씨는 보험사에 개인연금으로 불입해놓은 1억을 60세에 개시, 매달 30만 원을 받는다. 세 번째 사례인 희민 씨는 60세까지 만들어놓은 1억 원으로 수익형 부동산에 투자하여 매달 월세 40만 원을 받는다.

은경, 창수, 희민 세 사람 모두 100세까지 산다고 가정하면 다음과 같은 결과가 나온다.

은경 씨는 100세까지 이자를 받으며 지낸다. 100세 이후 죽고 나면 원금과 이자 모두를 자녀에게 상속해줄 수 있다. 이 경우 이자 금액이 적을 뿐, 원금과 이자가 보존된다.

[5,760만 원(12만 원 × 480개월)] + 1억 원(원금) = 1억 5,760만 원

보험사에 개인연금을 넣어 놓은 창수 씨는 어떨까? 자녀에게 그 개인연금이 상속될까? 죽음과 동시에 매달 받던 연금뿐만 아니라 원금 역시 소멸된다. 은행처럼 원금이 보존되는 상태에서 이자가 창출되는 것이 아니다. 개인연금을 60세에 개시하는데 100세까지 산다고 가정하면 약 40년간 돈을 받게 된다. 즉, [(원금 + 이자) ÷ (40년) = (매달 받는 금액)]이 되는 것이다. 내가 냈던 돈을 시간으로 나누어 받는 것이기 때문에 내가 죽으면 그 돈은 모두 사라진다. 내가 모아둔 돈을 쓰면서 없애는 구조이므로 상속은 불가하다.

30만 원 × 480개월 = 1억 4,400만 원

희민 씨는 부동산을 구입하여 월세를 받고 있는데 그녀가 죽는다고 건물이 함께 사라지지는 않는다. 그래서 자녀는 건물(원금)과

월세를 모두 상속받게 된다. 인플레이션을 고려하면 원금 가치 역시 상승할 가능성이 높다.

$$[\text{1억 9,200만 원(40만 원} \times \text{480개월)} + \text{1억(건물)} + \alpha(\text{물가 상승})$$
$$= \text{2억 9,200만 원} + \alpha$$

이처럼 개인연금은 화폐가치 하락과 더불어 내가 가진 자산을 초기화시키는 구조를 가지고 있다. 여유자금으로 활용하는 것이 아니라면 자본주의 체제에서는 결코 좋은 투자 방안이라고 보기 어렵다.

이러한 이유들 때문에 펀드와 개인연금에 돈이 들어가는 것을 '새는 비용'이라고 간주할 수 있다. 펀드와 개인연금에 돈을 지출하는 것을 멈추면 매달 불입하던 금액만큼의 여유자금이 생긴다. 그 자금으로 대출을 상환하거나 마이너스 없이 종잣돈을 모을 수 있다.

이처럼 우리에게는 돈이 없지 않다. 다만, 새고 있을 뿐이다. 우리가 가계부를 쓰는 이유는 불필요한 곳에 들어가고 있는 비용이 없는지 확인하기 위해서이다. 새는 비용만 올바르게 관리해도 가계 상황이 빠른 시간 안에 긍정적으로 개선될 것이다.

재테크의 방해꾼, 보험료를 줄여라!

금융문맹 때문에 벌어지는 일들

고정지출에 속하는 항목 중 과도한 보험료는 많은 이들의 재정 상태를 흔드는 주범이다. 내가 어떤 기준을 가지고 이렇게 말하는 것인지, 여러분은 어떤 기준을 가지고 현재 보험료를 내고 있는지 함께 생각해보았으면 한다.

보험연구원에 따르면, 2019년 보험 소비자 설문조사에서 가구당 보험 가입률이 98.2%라고 한다. 전 국민이 은행을 이용하는 것만큼이나 거의 필수적으로 보험사와 거래하고 있다는 말이다. 그런데 그중 스스로 상품을 취사선택하여 가입한 사람이 얼마나 될까? 특히 나아가 보험증권이나 약관을 단 한 번이라도 제대로 읽어본 사람이 있을까?

'금융문맹(financial illiteracy)'이란 단어가 있다. 글을 읽을 줄 모르는 문맹처럼, 금융에 관련된 지식이 부족하여 돈을 제대로 활용하지 못하는 사람들을 일컫는 용어이다. 지금 우리는 금융자본주의 시대를 살고 있다. 점점 경제에서 금융이 차지하는 비중이 커지면서 삶의 많은 부분이 금융과 긴밀하게 연결되어 있다. 앨런 그린스펀(Alan Greenspan) 전 미국 연방준비제도이사회(FRB) 의장은 "문맹은 생활을 불편하게 하지만, 금융문맹은 생존을 불가능하게 만들기 때문에 문맹보다 더 무섭다"라고까지 말했다.

2018년 금융감독원과 한국은행이 실시한 '전 국민 금융이해력 조사' 결과에 따르면, 한국 성인의 금융이해력 점수는 62.2점으로 경제협력개발기구(OECD)의 평균점수인 64.9점보다 낮았다. 전 세계 경제에서 차지하는 우리나라의 위상에 비해 금융문맹자가 많다는 뜻이다.

그래서일까, 우리는 스스로 돈을 다루는 주체이기를 포기하고 내 귀한 돈을 전문가에게 전적으로 맡긴다. 단지 '복잡하다'는 평계로 자신을 금융문맹으로 밀어넣는 것이다. 하지만 글을 배우면 문맹에서 벗어날 수 있듯이, 누구나 금융 지식을 공부하면 금융문맹에서 벗어날 수 있다.

금융 공부를 위한 첫 단계는 우선 내가 이미 거래하고 있는 금융 상품을 분석하는 연습부터 시작해보는 것이다. 그것이 실제 나의 자산을 움직이고 있는 만큼, 직접적인 변화를 느낄 수 있는 가장 좋은 방법이기 때문이다. 내 자산이 좋은 방향으로 변화되면 재미가 붙어 공부를 지속할 힘이 생긴다.

당신은 왜 보험에 가입하는가?

우리가 보험에 가입하는 근본적인 이유는 무엇일까? 아프거나 다쳤을 때 생기는 '병원비'를 방어하기 위해서이다. 갑자기 큰 병원비가 필요하게 되면 삶이 크게 뒤틀릴 수 있기 때문에 그 돈을 미리 저축해놓는 것이다.

그럼 병원비를 방어해주는 보험은 무엇일까? 흔히 '실비보험'이라고 부르는 '실손의료보험'이다. 대한민국 국민이라면 국민건강보험에 가입되어 있고, 병원비의 일부는 국민건강보험공단이 부담한다. 개인적으로 실손의료보험에 가입했을 경우, 실비 보험료 청구로 내가 부담해야 하는 나머지 비용을 해결할 수 있다. 한마디로 실손의료보험만 있어도 병원비를 방어할 수 있다.

물론 약간의 자기부담금이 존재하기 때문에 실손의료보험이 있다고 해서 병원비로 내 돈이 단 한 푼도 나가지 않는 것은 아니다. 하지만 적어도 감당 불가능한 큰돈이 나갈 일은 없다. 실손의료보험은 나이마다 납입해야 하는 금액이 다른데, 보통 미성년자는 1만 원 이하, 20~40대는 1만 원대, 그 이상은 조금 더 비싼 정도이다. 이처럼 매달 소액의 금액만으로도 내 삶의 리스크를 방어할 수 있다.

그런데도 여전히 많은 사람들이 보험료로 매달 적지 않은 금액을 지출한다. 글로벌 재보험사인 '스위스리'가 발행하는 〈시그마〉 지에서 '국가별 인구당 보험료'를 분석한 결과에 따르면, 2018년 기준 우리나라 국민은 1인당 연간 약 377만 원을 보험료로 지출하고 있다. 매월 약 31만 원 정도인 셈이다.

2010년에는 연간 약 264만 원이었고, 2015년에는 연간 약 334만 원이었다. 시간이 흐를수록 보험료로 쓰는 금액이 꾸준히 증가하고 있다. 금융감독원 조사 결과, 1인당 평균적으로 가입하고 있는 보험 개수는 3.82개라고 한다.

보험에 대한 관점을 바꿔라

보험에 큰 비용을 지불하는 것이 무조건 나쁜 것은 아니지만, 관점을 바꿔서 계산해보자. 실제로 수강생 중에 자신의 보험료로 매달 20만 원씩 납입하는 분이 있었다. 그 보험은 20년간 납입해야 하는 종신보험이었다. 보험 내용의 큰 틀만 봤을 때 3대 질병(암, 뇌, 심장 질환)에 걸리면 2,000만 원을 주고 사망 시 1억 원을 준다고 한다.

우리가 여기서 해야 할 첫 번째 일은 그 보험이 20만 원짜리 보험이 아니라 4,800만 원짜리 보험이라는 것을 인지하는 것이다. 한 달에 20만 원이지만, 1년이면 240만 원, 그렇게 20년간 총 4,800만 원을 지불한다.

물론 2,000만 원만큼의 돈을 내기 전에 병에 걸리면 계산상으로는 이득이라고 생각할 수 있다. 하지만 그것은 어디까지나 '확률'이기 때문에 무조건 이득이라고 단정 지을 수 없다. 그리고 그 누구도 내가 낸 돈보다 더 큰 보험금을 타기 위해 아프거나 다치기를 바라는 사람은 없을 것이다.

그런데 아프거나 다치지 않으면 내가 납입한 4,800만 원은 생전 만져보지도 못하게 된다. 이는 평생 돌려받지 못할 돈을 보험사에 준 것이나 다름없다. 하지만 사람들은 보험금을 탈 일이 없어도 죽으면 보험금 1억 원을 자식에게 줄 수 있으니 여전히 손해가 아니라고 생각한다.

이 보험을 서른 살에 가입했다고 가정해보겠다. 그럼 20년간 보험료를 납입하고 50세부터 100세까지 4,800만 원이라는 목돈이 무려 50년간 묶여 있게 된다. 앞서 소비자물가가 30년간 10배나 오른 통계를 언급한 바 있다. 이 4,800만 원을 물가 반영이 되는 정도로만 운용해도 사망보험금보다 최소 다섯 배 이상은 만들어낼 수 있다. 무엇보다 살아생전에 돈을 만져볼 수 있다는 사실이 중요하다.

보험, 최소비용으로 최대효과 내는 법

그럼 아예 보험을 들지 말아야 할까? 아니다. 전략을 바꾸면 된다. 리스크 관리를 위해 보험은 들되, 그 금액을 최소화하는 것이다. 예를 들어, 매달 납입 금액을 5만 원으로 줄이면 나에게 15만 원의 여유자금이 생긴다. 그럼 1년에 180만 원, 20년간 총 3,600만 원을 직접 운용할 수 있게 된다.

　납입 금액이 줄어든 만큼 내가 받는 보험금도 줄어들겠지만, 정말 금액이 줄어드는 것인지 실제 사례를 들어 살펴보겠다. 보험료 납입 10년 차에 질병으로 보험금을 타야 할 일이 생긴다고 가정한 계산이다.

*매달 보험료 20만 원씩 내는 사람 A: 매월 20만 원씩 10년간 2,400만 원을 납입하고, 질병보험금으로 2,000만 원을 받았다. 결국 400만 원을 손해를 보았다.

*매달 보험료 5만 원씩 내는 사람 B: 매월 5만 원씩 10년간 600만 원을 납입하고, 질병보험금으로 500만 원을 받으면 100만 원이 손해다. 그러나 매달 15만 원씩 따로 모았고, 그 돈이 1,800만 원(15만 원 × 10년)이 되었다. 결국 총 1,700만 원(1,800만 원 - 100만 원)의 이익이 생겼다.

(A는 매달 납입 금액 20만 원, 질병보험금 2,000만 원 회수, B는 매달 납입 금액 5만 원, 질병보험금 500만 원 회수한다고 가정했다. 보험 상품의 사업비, 적립금 유무에 따라 보험금과 보험료 납입액이 꼭 비례적으로 움직이지만은 않는다. 큰 틀로 계산법을 보여주기 위해 비례적으로 표현했다.)

물론 보장성 보험은 확률을 기반으로 접근해야 하기 때문에 정확한 손익 계산은 어렵다. 병에 빨리 걸릴 수도 있고, 안 걸릴 수도 있기 때문이다.

그런데 A의 경우는 병에 걸려야만 돈을 받을 수 있지만, B의 경우는 질병과 무관하게 1,800만 원이라는 자금이 생긴다. 심지어 이 돈을 다른 투자처에 사용하면 추가 수익까지 기대할 수 있으니 1,800만 원보다 더 큰 돈이 내 손에 들어올 수도 있다.

보험으로 생활비를 마련한다는 생각의 함정

우리가 실손의료보험 외에 추가적으로 보험에 가입하는 이유는 생활비 마련을 위해서다. 병원비는 국민건강보험과 실손의료보험으로 거의 해결이 된다. 하지만 크게 아프거나 다치면 치료를 받는 기간이 길어진다. 그럼 그동안 일을 할 수 없으니 생활비에 타격을 입을 것을 대비하여 추가적인 보험을 드는 것이다.

우리가 언제 어떤 병에 걸릴지 일일이 알 수 없으므로 우리나라에서 가장 발병 확률이 높다는 암, 뇌, 심장 관련 질환을 주축으로 보험에 가입한다.

인간이 가장 싫어하는 감정은 두려움과 불안이다. 우리는 목숨과 관련된 일에 지갑을 열지 않을 수 없다. 그래서 보험이 확률 게임인 것을 무시하고, 최악의 상황만 생각하며 더 많은 보험에 우후죽순으로 가입한다. 그 결과 재정 상태는 점점 악화되어 가는 것이다.

이번 사례의 경우 1인이 4,800만 원의 보험료를 낸 것이지만, 만약 4인 가족이라면 거의 2억 원에 달하는 돈이 보험사에 묶이게 된다. 물론 가입 금액은 사람마다 다르겠지만, 불안을 잠재우는 목적으로 이토록 큰돈이 보험사로 건네진다는 사실을 인지해야 한다.

보험은 리스크 방어를 위해 반드시 필요하다. 그러나 이익을 내야 하는 보험사가 자신의 이익을 위해 우리에게 필요 이상의 상품을 판매할 수도 있다는 점을 반드시 명심해야 한다.

특히 내가 지불하는 모든 비용이 진정 나의 선택으로 인한 것인지, 아니면 전문가라는 사람들에게 설득당해 써버린 불안 비용인지 분별해야 한다.

많은 분들이 내가 어떤 보험을 가지고 있는지 궁금해하는데, 나는 필수 보험인 국민건강보험과 자동차보험 외에는 실손의료보험과 운전자보험에만 가입되어 있다.

똑똑하게 보험 가입하는 방법 3가지

그렇다면 보험은 어떻게 가입하면 좋을지 구체적인 기준에 대해 알아보자. '보험증권'을 꺼내어 살펴보면 수많은 항목들이 나열되어 있다. 그중에 어떤 것이 꼭 필요한 것이고, 어떤 것이 없어도 되는 것인지 구분하기가 어렵다.

쉽게 생각하자. 인간의 몸도 뼈대가 있고 그 위에 살이 붙어 있는 것처럼, 보험도 뼈대부터 살펴보면 된다. 보험의 뼈대는 위에서 이야기한 것처럼 '병원비'와 '생활비'를 방어할 수 있는 항목이다.

병원비는 실손의료보험 하나로 해결할 수 있으므로 간단하다. 즉, 병원비 방어를 위해서 크게 고민하지 않아도 된다는 것이다. 하지만 생활비는 그보다 조금 더 복잡하다. 생활비가 필요하다는 것은 무슨 의미일까? 일을 할 수 없다는 이야기이다. 일을 할 수 없는 상황을 생각해보면 크게 다음 3가지로 압축할 수 있다.

1. 사망에 대비한다

싱글일 경우와 노년에는 사망보험금이 크게 중요하지 않다. 부양할 가족이 없거나 가족 구성원이 각자 생활비를 벌어 쓰는 나이이기 때문이다.

물론 부양해야 하는 가족이 있을 때는 중요한 항목이 된다. 자녀들이 어릴 때 경제 주체가 사망하면 당장 생활비가 끊겨 남은 가족 구성원의 생존이 위협받을 수 있다. 따라서 사망보험금이 모두에게 필수라고 생각하지 말고, 필요한 시기를 고려하는 것이 좋다. 이와 관련한 더 자세한 내용은 아래에서 이야기하겠다.

2. 크게 아플 때(질병)를 대비한다

질병으로 크게 아플 수 있는 경우는 너무나 다양하다. 그러나 세상에 존재하는 모든 질병 항목에 대해 일일이 보험을 가입하는 것은 불가능하다. 보험 가입 시에는 우리나라 성인에게 발병 확률이 가장 높은 3대 질병(암, 뇌, 심장 질환)의 진단금을 주축으로 가입해야 한다. 그럼 실손의료보험으로 병원비를 보상받고, 3대 질병의 진단금을 통해 치료를 받는 기간 동안의 생활비를 마련할 수 있다.

3. 크게 다쳤을 때(상해)를 대비한다

'크게 다친 경우'란 장애 판정을 받는 상황을 뜻한다. 보장성 보험에 '후유장해'라는 항목을 추가하면 큰 부상 시 보험금을 지급받을 수 있다. 장애 판정을 받고 더 이상 병원 치료가 불가할 경우에는, 병원비를 보상해주는 실손의료보험이 아무런 쓸모가 없기 때문이다.

이렇게 생활비에 필요한 금액을 미리 가늠하여 보험에 가입하면 된다. 그럼 예견된 상황, 즉 사망이나 건강상의 문제에 맞닥뜨렸을 때 정해놓은 액수를 받게 된다. 위 기준을 중심으로 나머지

〈표 2-8〉 보장성 보험에 필수적으로 필요한 뼈대 보장 내용

분류		정액 ('정해진 상황'에 미리 '정해놓은 액수' 지급)	실비 (실제 사용한 의료비 지급)
사망		1억 원	실제 사용한 병원비
질병	암, 뇌, 심장 질환 (진단금)	각 2,000만 원	
상해	후유장해 (진단금)	1억 원	

(보험 금액은 많은 사람들이 평균적으로 선택하는 금액을 예시했다.)

추가 항목은 필요에 따라 넣거나 빼면 된다.

보험 항목에는 '암 진단금', '암 수술비', '암 입원비' 등과 같이 한 질병에 관련된 항목이 여러 개가 있다. 우리가 생활비로 사용하려고 가입하는 보험 항목은 그 질병이라고 진단받기만 하면 받을 수 있는 '진단금'이다. 수술비, 입원비 등과 같이 병원비로 사용한 항목은 실손의료보험을 통해 지급받을 수 있는데, 그 외에 더 많은 금액을 받고 싶으면 '암 수술비', '암 입원비'와 같은 항목을 추가로 가입하면 된다.

그러나 앞서 이야기한 것처럼 우리가 질병에 걸릴지 아닐지는 알 수 없다. 따라서 꼭 필요하다고 생각되는 진단금만 보험으로 설정하고, 나머지는 실손의료보험에 맡기자. 또한 추가적인 항목들을 늘리지 않음으로써 절감되는 보험료를 따로 재테크 자금으로 저축해보자.

해약으로 손해가 고민될 때의 솔루션

기존에 가지고 있는 보험들이 과도하다고 느껴져서 정리하고 싶을 때 가장 크게 발목을 잡는 것이 있다. 바로 보험 해지환급금이 그동안 불입한 금액에 현저하게 못 미치는 경우이다. 굳이 손해를 감수하면서 해약하느니 그냥 기존 것을 유지하는 게 낫다는 생각이 들 수도 있다. 이런 경우에는 '왠지 손해 보는 느낌이 든다'라는 감정을 좇을 것이 아니라, 간단히 숫자로 계산해보면 된다.

만약 내가 '20년 납입, 월 10만 원짜리 보험'에 3년 동안 가입하고 있었다고 가정해보겠다. 보험사에 3년간 총 360만 원을 낸 것이다. 그런데 보험 설계가 잘못되었다는 생각이 들어 이 보험을 해약하고 '20년 납입, 월 5만 원짜리 보험'으로 갈아타려고 했는데, 보험사에서 해지환급금으로 단 한 푼도 줄 수 없다고 한다. 그럼 나는 360만 원을 온전히 손해보게 되므로 이 보험을 유지하는 게 낫다고 생각한다.

하지만 총 납입 기간이 20년이므로, 이 보험을 해약하지 않고 계속 유지하게 되면 향후 17년 동안 2,040만 원의 보험료를 더 내야 한다.

만약 기존에 냈던 360만 원을 과감하게 포기하고 5만 원짜리 보험을 새로 가입하면, 다시 처음부터 시작해도 20년 동안 총 1,200만 원만 내면 된다. 기존 보험으로 인해 360만 원을 쓴 것까지 포함해도 보험사에 총 1,560만 원을 지불하게 되는 것이다.

즉, 아깝다는 감정을 좇으면 추가로 2,040만 원을 더 써야 하고, 손익을 직접 계산해보면 매월 5만 원의 여유자금이 생길 뿐만 아니라 총 납입 금액도 840만 원이 절약된다.

이처럼 어떤 선택이 정말 아까운 일인지 계산해보면 된다. 정말 간단하다. 당장 당신이 가지고 있는 보험증권을 꺼내어 확인해보자. 의외의 결과에 놀라게 될 것이다.

효율적으로 보장성 보험 설계하는 법

보험 가입 기준이 여전히 어렵다는 이들을 위해 보장성 보험을 설계하는 방법을 조금 더 구체적으로 이야기해보겠다.

보험사에는 수많은 보험 상품이 존재한다. 많은 이들이 '암보험', '상해보험'과 같이 각 특성에 맞는 보험 상품을 여러 개 가입해야 한다고 생각한다. 하지만 그렇지 않다. 모든 보험사에는 '종합보험' 상품이 있는데, 나는 개인적으로 그 상품 안에서 자신에게 필요한 보장 항목과 금액을 직접 선택하는 것을 추천한다.

〈표 2-9〉는 실제 40대 여성의 종합보험 가입설계서를 가져온 것이다. 〈표 2-8〉에서 이야기하는 뼈대 보장이 무엇인지 실제 보험 항목들을 통해 분석해보겠다(실손의료보험은 보장 범위와 금액이 정해져 있는 보험이기 때문에 따로 분석하지 않는다.).

1. 보험의 보장 내용 분석하는 법

보험에서 필요한 항목은 사망 보장, 질병 보장, 상해 보장 3가지이다.

1. **사망 보장**: 〈표 2-9〉에서 '사망'에 해당하는 항목은 '일반상해사망'과 '질병사망'이다. 손해보험사에서는 사망을 '상해사망'과 '질병사망'으로 나누어 표기하고, 생명보험사에서는 '사망'이라고 통일하여 표기한다.

2. **질병 보장**: 〈표 2-9〉에서 '암'에 해당하는 항목은 '암진단비',

〈표 2-9〉 40대 여성의 종합보험 가입설계서

가입 담보 및 보장 내용	보험 기간/납입 기간/갱신형/기타	보험 가입 금액	보험료
보통약관(일반상해사망)	100세 만기/20년납	100,000,000원	3,798원
질병사망(갱신형)	80세 만기/전기납/3년 갱신형	50,000,000원	3,700원
질병사망(연만기)	20년 만기/전기납	50,000,000원	6,950원
일반상해후유장해	100세 만기/20년납	100,000,000원	3,820원
일반상해80%이상후유장해	100세 만기/20년납	1,000,000원	6원
질병80%이상후유장해	100세 만기/20년납	1,000,000원	270원
암진단비	100세 만기/20년납	10,000,000원	12,580원
암진단비(갱신형)	100세 만기/전기납/3년 갱신형	10,000,000원	3,892원
뇌혈관질환진단비	100세 만기/20년납	1,000,000원	1,653원
뇌졸중진단비	100세 만기/20년납	19,000,000원	12,616원
허혈성심장질환진단비	100세 만기/20년납	1,000,000원	357원
급성심근경색증진단비	100세 만기/20년납	19,000,000원	2,698원
특정양성뇌종양진단비	100세 만기/20년납	5,000,000원	610원
중증화상및부식진단비	80세 만기/20년납	10,000,000원	36원
인공관절수술비	80세 만기/20년납	1,000,000원	190원
호흡기질환수술비	100세 만기/20년납	1,000,000원	6원
5대장기이식수술비	80세 만기/20년납	20,000,000원	68원
각막이식수술비	80세 만기/20년납	20,000,000원	18원
조혈모세포이식수술비	80세 만기/20년납	20,000,000원	62원
중대한특정장해수술비	80세 만기/20년납	5,000,000원	340원
골절(치아파절제외)진단비	100세 만기/20년납	200,000원	960원
깁스치료비	100세 만기/20년납	200,000원	568원
화상진단비	100세 만기/20년납	200,000원	150원
상해흉터복원수술비	100세 만기/20년납	70,000원	135원
결핵진단비	100세 만기/20년납	300,000원	195원
특정전염병발생금	100세 만기/20년납	1,000,000원	218원
의료사고법률비용(실손)	100세 만기/20년납	2,000,000원	2원
가족일상생활중배상책임(갱신형)	100세 만기/전기납/3년 갱신형	100,000,000원	460원
보험료 총계			56,358원

'뇌 질환'에 해당하는 항목은 '뇌혈관질환진단비'와 '뇌졸중진단비', 그리고 '심장 질환'에 해당하는 항목은 '허혈성심장질환진단비'와 '급성심근경색증진단비'이다.

3. **상해 보장:** 〈표 2-9〉에서 '후유장해'에 해당하는 부분은 '일반상해후유장해'이다. 이 항목에 가입되어 있으면 내가 진단받은 장애 퍼센티지에 따라 보험금을 지급받는다. 예를 들어, 내 장애가 50%이면, 내가 가입한 금액 1억 원에서 50%에 해당하는 5,000만 원을 받게 된다.

따라서 실손의료보험과 더불어 위의 항목들을 가입한다면 뼈대 보장은 충족이 된 것이다. 나머지 항목은 개인의 필요에 따라 추가하거나 삭제하면 된다.

2. 보험 가입 금액과 보험료 분석하기

보험 가입 금액당 보험료를 보면 흥미로운 사실을 알 수 있다. 예를 들어, '각막이식수술비'로 2,000만 원을 받기 위해 매달 18원씩을 내고 있다. 하지만 '암진단비'는 1,000만 원을 받기 위해 매달 1만 2,580원을 낸다. 이렇듯 발병 확률이 높은 항목일수록 보험료가 비싸고, 반대로 발병 확률이 희박한 항목은 보험료가 저렴하다.

따라서 보험료가 현저히 저렴한 항목들은 있어도 그만 없어도 그만인 항목으로 본다. 20년 동안 납입해도 총 4,320원에 불과해

군이 삭제하지 않을 뿐이다.

사망의 경우를 보면, 사고사보다 질병사가 확률이 높기 때문에 상해사망 보험료가 질병사망 보험료보다 낮게 책정된다.

먼저, 사망 보장 보험에 대해 알아보자. 우리가 사망보험금을 설정할 때 생각해야 할 부분은, 사망보험금이 언제 필요한가이다. 예를 들어, 부모가 노년(80대 이후)에 사망하는 경우에는 자식들의 생활비 문제가 발생하지 않는다. 자식들도 이미 장성하여 각자 경제 생활을 하고 있을 것이기 때문이다.

사망보험금이 필요한 경우는 보통 아직 자녀들이 어린데 집안의 경제 주체가 사망하여 생활비 조달에 문제가 생길 때이다. 따라서 사망보험금은 군이 종신이나 100세 만기로 할 필요 없이, 자녀가 사회생활을 시작할 나이까지 설정하면 된다. 보험료를 절감할 수 있는 방법 중 하나는 사망보험금의 보험 기간을 종신이나 100세 만기가 아니라 80세 정도로 설정하는 것이다.

일반적으로 상해사망은 확률이 낮기 때문에 100세 만기로 해도 보험료가 저렴하다. 하지만 질병사망은 나이가 들수록 확률이 높아지는 항목이기 때문에 보험료가 상대적으로 비싸다. 그러므로 자녀가 사회생활을 할 나이를 계산하여 질병사망의 보험 기간을 조정하면 낭비되는 보험료를 절감할 수 있다(질병사망을 두 개로 나누어 가입했는데, 그 이유는 아래에서 설명하겠다).

두 번째로 암 보장 보험에 대해 알아보자. 질병사망과 더불어 암 진단금은 '갱신형'과 '비갱신형'을 동시에 가입했다. 갱신형과 비갱신형에 대한 이해가 있으면 보험료를 절감하는 데에 도움이 된다.

〈표 2-9〉에 나오는 암 진단금 내용을 보면, '비갱신형'은 100세 만기, 20년납으로 1,000만 원을 받기 위해 월 1만 2,580원을 내야 한다. '갱신형'은 100세 만기, 전기납, 3년 갱신으로 1,000만 원을 받기 위해 월 3,892원을 내야 한다.

이 말을 풀어보면, 비갱신형은 20년 동안 월 1만 2,580원씩 내면 100세 이전 암 진단 시, 1,000만 원을 받을 수 있다. 20년만 보험료를 납입하면 되고, 20년간 내는 보험료에도 변동이 없다.

반면 갱신형은 현재는 월 3,892원씩 내면 되지만, 3년마다 보험료에 변동이 생긴다(주로 오른다). 보통 나이가 들수록 발병 확률이 높아지기 때문에, 갱신 시 보험료가 떨어지는 경우는 거의 없다. 또한 갱신형은 '전기납'인데, 이는 '전체 기간 동안 납입'해야 함을 의미한다. 즉, 100세 만기 갱신형 보험 가입 시, 그 항목에 따른 보험료를 100세까지 납입해야 한다.

그럼 비갱신형과 갱신형 중에 어떤 항목이 좋은 것일까? 처음에는 갱신형이 보험료가 저렴해서 더 좋은 것이라고 생각했는데, 실체를 보니 보험료가 계속 오를 뿐만 아니라 평생 내야 하기까지 하니 비갱신형이 좋은 것일까?

답은 "상황에 따라 다르다"이다. 만약 조기에 암이 발생하면 갱신형 보험을 든 사람이 유리하다. 비갱신형보다 훨씬 저렴하게 내고도 동일한 보험금을 탈 수 있기 때문이다. 반면에 늦은 나이에 암에 걸리면 비갱신형 보험을 든 사람이 유리하다.

　문제는 우리가 언제 암에 걸릴지 모른다는 것이다. 그래서 암 진단금을 2,000만 원을 설정하고 싶다면 갱신형과 비갱신형을 반반 섞어서 드는 것이 현명한 방법 중 하나다. 언젠가 갱신형 보험료가 비갱신형 보험료를 돌파할 시점까지도 암에 걸리지 않았다면 갱신형 부분만 부분해지를 하면 된다. 그 나이 즈음이 되면 이미 그동안 재테크로 축적한 자금으로 생활에 여유가 있을 것이기 때문에 굳이 진단금 1,000만 원에 연연할 필요가 없어질 것이다. 정액보험은 아직 돈이 마련되지 않은 젊은 날의 리스크를 방어하기 위해 필요하다.

　세 번째, 뇌와 심장 질환의 보장 보험에 대해서 알아보자. 〈표 2-9〉를 보면, 뇌 질환과 관련해서는 '뇌혈관질환'과 '뇌졸중' 항목이 있다. 이는 보험사마다 약간의 차이가 있다. '뇌혈관질환'이 없이 '뇌졸중' 항목만 있는 곳도 있다. '뇌혈관질환'이 '뇌졸중'보다 더 넓은 범위의 항목이기 때문에 가능하면 범위가 큰 항목을 가입하는 것이 좋다. 예를 들어, '뇌혈관질환'에 가입되어 있으면 '뇌졸중'뿐만 아니라 다른 뇌 질환에 걸려도 보험금을 탈 수 있기 때문이다. 그러나 '뇌졸중' 항목에만 가입되어 있으면 다른 범위의 뇌 질환에 관련된 보장은 받을 수 없다.

　〈표 2-9〉에서 뇌혈관질환진단비 100만 원, 뇌졸중진단비 1,900만 원으로 뇌 관련 질환 진단금에 총 2,000만 원을 가입했는데, 왜 보장 범위가 더 넓은 '뇌혈관질환'에 더 큰 금액을 할애하

지 않았는지에 대해 의문이 생길 수 있다. 이유는 간단하다. 보험 사가 제재하기 때문이다. 보장 범위가 넓은 질환에 가입할수록 보 험사는 고객에게 보험금을 지급할 확률이 높아지기 때문에, 범위 가 높은 질환에 대해서는 가입 금액에 제한을 둔다. 제한 범위는 보험사마다 차이가 있다.

심장 질환 역시 마찬가지이다. '허혈성심장질환'이 '급성심근경 색증'보다 범위가 넓다. 따라서 허혈성심장질환에 가입하면 급성 심근경색증을 포함한 다른 심장 질환에 걸렸을 때 보험금을 지급 받을 수 있다.

심장 질환에 관한 진단금 2,000만 원 중, 〈표 2-9〉에서 범위가 더 넓은 허혈성심장질환진단비는 100만 원만 가입하고 급성심근 경색증진단비에 1,900만 원을 가입한 이유는, 위에서 설명한 뇌 혈관질환진단비와 마찬가지로 보장 범위가 넓은 질환에 대한 보 험사의 가입 금액 제한 때문이다.

예를 들어, 심장 질환 진단비에 2,000만 원을 가입하고 싶은데, 범위가 넓은 허혈성심장질환진단비에 500만 원까지 가입이 가능 한 보험사라면 허혈성심장질환진단비 500만 원, 급성심근경색증 진단비 1,500만 원으로 가입하면 된다.

이렇듯 보험은 필요한 부분을 스스로 확인하고 그에 맞게 설계 하면 된다.

3. 나이에 따라 바뀌는 것은 보장 내용이 아니라 보험료다

바로 뒤에 나오는 정우성 씨의 사례에서도 상세히 확인하게 되겠지만, 위의 기준들을 적용하여 자신에게 불필요한 보험을 정리해 보험료를 줄일 수 있다. 기존에 가지고 있는 보험 내용들을 분석한 뒤, 불필요한 것들을 해지하는 것이다.

보험의 개수는 중요치 않다. 하나의 보험에 필요한 항목이 잘 구성되어 있는지가 중요하다. 4인 가족이라면 가족 구성원 모두가 동일한 기준으로 보험에 가입하면 된다. 하지만 보장 내용이 같아도 나이, 성별, 직업에 따라 보험료 차이는 생길 수 있다.

미성년자일 때 보험에 가입하면 발병 확률이 낮기 때문에 보험료가 저렴하게 책정된다. 이런 경우는 비갱신형만으로 설정해도 무방하다. 이처럼 보험을 설계할 때 필요한 뼈대 보장의 기준을 중심으로 개인의 필요나 선호도에 따라 플러스마이너스를 하면 된다.

정우성 씨는 4인 가족 보험료로 총 87만 원을 납입해왔는데, 위와 같은 기준으로 보험을 정리하니 정우성 씨 본인은 약 16만 원, 아내는 약 14만 원, 남자 아이들 두 명은 각 8만 원씩, 총 46만 원이 되었다.

이렇게 내게 필요한 기준을 알고 보험에 접근하면, 불필요하게 새는 비용을 절약할 수 있다.

숨어 있는 돈을 찾아
자본 수익을 창출하다!

"상가를 구입하고 싶은데 자금이 부족해요!"

우리는 늘 돈이 없어서 재테크를 못 한다고 습관처럼 말한다. 하지만 그동안 잘 몰라서 방치된 돈만 활용해도 가만히 앉아서 수익을 얻을 수 있다.

지금까지 이야기한 내용을 현실에서 어떻게 적용하고 있는지 살펴보겠다. 다음은 대기업에 다니는 40대 가장 정우성 씨의 실제 사례이다. 우선 그의 자산 상태부터 살펴보자.

정우성 씨는 총 세 채의 부동산을 소유하고 있고 그에 따른 부채도 가지고 있었다.

첫 번째 '투자용 아파트'는 전세 세입자를 끼고 구입했다. 5억짜리 아파트에 전세입자가 3억 8,000만 원의 전세보증금을 내고 살

자 산		부 채	
투자용 아파트	500,000,000원	아파트 전세보증금	380,000,000원
투자용 오피스텔	90,000,000원		
거주용 아파트(전세)	320,000,000원		
CMA	200,000,000원		
예금	60,000,000원	오피스텔 잔금	80,000,000원
변액보험	25,000,000원		
개인연금	20,000,000원		
퇴직연금	35,000,000원		
자산 합	1,250,000,000원	부채 합	460,000,000원
총자산		790,000,000원	

고 있다. 전세보증금은 세입자가 나갈 때 '돌려줘야' 하는 돈이므로 부채로 잡는다.

두 번째 월세를 받으려고 구입한 9,000만 원짜리 수익형 오피스텔은 아직 잔금을 치르지 않아 8,000만 원이 지출되어야 하므로 8,000만 원을 부채로 잡아놓았다. 내 수중에서 결국 '나가야' 하는 돈은 부채로 보면 된다.

마지막으로 본인이 실제 거주하고 있는 아파트는 3억 2,000만 원의 전세보증금을 내고 살고 있다. 전세보증금은 나중에 돌려받는 돈이므로 나의 자산에 포함한다.

위 자산 상태 표를 통해 알 수 있듯, 정우성 씨는 소득 수준이 높고, 이자 비용이 발생하는 금융권 대출이 없으며, 비교적 많은 자산을 모아놓았다. 그의 고민은 추가로 구입하고 싶은 작은 상가가 있어 퇴직연금을 중간 정산했음에도 돈이 빠듯하다는 점이었다.

정우성 씨는 기존 부동산 자산을 제외하고 현금 자산(CMA, 예금, 변액보험, 개인연금, 퇴직연금)으로 3억 4,000만 원을 보유하고 있다. 하지만 오피스텔 잔금으로 8,000만 원을 지불해야 하기 때문에 실질적인 자산은 2억 6,000만 원이라고 볼 수 있다.

그런데 이 중에 변액보험과 개인연금은 미래를 위한 투자 목적 상품이므로 현실 가용 금액으로 볼 수 없다. 따라서 상가 구매를 위해 실제로 사용할 수 있는 돈은 다시 2억 1,500만 원으로 줄어든다.

결론적으로, 현재 상태로는 해당 상가를 살 수가 없다. 어떻게 해야 할까?

자산지출 분석으로 여유 투자금이 생기다

정우성 씨는 비교적 넉넉한 월급을 받고 있지만, 언제까지 일을 할 수 있을지 장담할 수 없다고 했다. 따라서 작은 상가라도 구입해서 월세를 받을 수 있다면 마음이 조금 안정될 것 같다고 했다. 그에게는 상가를 구매하고 싶다는 명확한 목표가 있었기 때문에 가계부 점검을 통해 그 소망을 이룰 수 있을지 살펴봤다.

그의 가계부 자산지출에서 매달 30만 원씩 납입하는 변액보험을 자산 상태와 연동시켜보았다. 변액보험으로 2,500만 원이 모

수입		지출	
		고정지출	
		보험료	870,000원
		통신비	180,000원
		관리비	300,000원
		어린이집	300,000원
		고정지출 합	1,650,000원
근로소득	5,500,000원	변동지출	
		생활비	3,300,000원
		변동지출 합	3,300,000원
		자산지출	
		변액보험	300,000원
		개인연금	250,000원
		자산지출 합	550,000원
수입 합	5,500,000원	지출 합	5,500,000원

였다는 말은 곧 7년이 넘는 시간 동안 보험사에 돈을 냈다는 이야기이다. 그런데 이 2,500만 원은 그동안 불입한 원금 전부가 아니고 해지하면 돌려받을 수 있는 금액이다. 나의 현재 자산 상태란, 말 그대로 '현재' 내가 만질 수 있는 돈을 의미하기 때문이다. 여기서의 2,500만 원은 원금의 약 90% 정도를 돌려받을 수 있는 금액이라고 한다.

7년이 지나도 마이너스인 상품을 유지할 이유가 있을까? 제로점을 지나면 그때부터는 시간이 흐를수록 엄청난 수익이 쏟아지는가? 앞서 설명했던 것처럼 사업비와 더불어 화폐가치가 떨어지는 상황을 고려한다면 변액보험은 그렇게 대단한 수익 상품이 아니다.

그 아래에 있는 '개인연금'도 마찬가지다. 정우성 씨는 매달 25만 원씩 약 8년간 연금에 가입하고 있다. 보험사 상품의 특성상 개인연금 역시 사업비를 제외하고 나니, 해지하면 그가 낸 원금의 약 85%밖에 돌려받지 못한다고 했다.

또한 〈표 2-7〉에서 살펴봤던 것처럼, 개인연금은 물가 반영도 되지 않은 채 내가 낸 돈이 보험사에 장기간 묶여 있다가 그 돈을 노후에 매달 쪼개어 돌려받는 방식이다. 이해하기 쉽게 말하자면, 친구가 나에게 돈을 빌려갔는데 그 돈에 이자를 붙여주긴 하지만 약 20년에서 30년 후에 매달 할부로 쪼개어 갚는 셈이다. 여러분은 이런 조건으로 친구가 돈을 빌려달라고 하면 절대 빌려주지 않을 것이다. 하지만 보험사에는 흔쾌히 그렇게 하고 있다.

이후 정우성 씨는 약간의 손해를 감수하고 저 두 상품(변액보험과 개인연금)을 해약하기로 했다. 그렇게 4,500만 원을 가용 금액으로 만드니 오피스텔 잔금을 치르는 데에 50% 이상 부담이 줄어들었다.

고정지출을 분석하니, 새는 돈이 있었다

여기서 끝이 아니었다. 고정지출을 살펴보니, 보험료가 무려

87만 원이 나가고 있었다. 고정지출에서의 보험료는 아프거나 다칠 때를 대비한 '보장성 보험'을 이야기하는데, 4인 가족에 87만 원이면 과도한 금액이다.

보험 내용을 분석해보니 불필요한 것들이 많았다. 가지고 있는 보험의 개수는 중요하지 않다. 한 개의 보험이라도, 그 안에 필요한 항목이 잘 구성되어 있는지가 더 중요하다.

보험 항목을 조절하니 정우성 씨의 보험료는 16만 원, 아내 14만 원, 남자 아이들 두 명 각 8만 원, 총 46만 원이 되었다. 그는 보장성 보험료를 87만 원에서 46만 원으로 줄였고, 덕분에 매달 41만 원을 추가적으로 절약하게 되었다.

앞서 말한 변액보험과 개인연금을 해지하여 매달 55만 원이라는 남는 돈이 생겼는데, 보장성 보험을 줄여서 41만 원이 추가로 절감된 것이다. 정우성 씨는 매달 96만 원을 어떠한 투자도 없이 만들어낼 수 있게 되었다.

매달 96만 원이면 1년이면 1,152만 원이다. 투자를 통해 연 수익으로 1,152만 원을 만들려면, 1억 원을 투자해 무려 약 11%의 수익을 내야 한다. 현실적으로 11%의 수익률을 얻는 투자도 어렵지만, 그마저도 종잣돈이 1억 원이 있어야 가능한 일이다. 아니면 10억 원으로 약 1%의 수익을 내야 한다.

이처럼 새는 돈만 잘 관리해도 실제 투자해서 버는 것보다 더 큰 돈을 만들어낼 수 있다. 정우성 씨는 이와 같이 금융 비용을 정리하고 50% 대출을 받아 원하는 상가를 구입했다.

그동안은 수익 없이 묶여 있는 돈이었지만 이제는 그 돈을 통해 추가적인 월세 수입이 들어온다. 나중에 은퇴하고 나면 그 상가에서 직접 사업을 하고 싶다고 한다. 오프라인 사업이 어려운 이유 중에 하나가 월세 부담인데, 그런 걱정 없이 원하는 삶을 구상할 수 있다면 얼마나 편안할까?

정우성 씨의 가계부에서는 변동지출, 즉 생활비는 전혀 건드리지도 않았다. 그러니 이분의 사례를 통해 재테크라는 것이 '단순 투자' 또는 '단순 절약'이 우선이 아니라는 것을 확실히 깨닫게 되길 바란다. 거듭 말하지만 재테크의 첫 시작은 나의 현재 상태를 직시하고, 나의 재정을 올바른 방향으로 정리해가는 작업이다.

3장

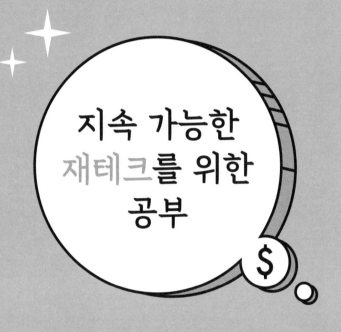

지속 가능한
재테크를 위한
공부

재테크, 실전 경험에서
얻는 것이 더 큰 공부다

부동산 투자가 매력적인 이유

2016년 봄, 재테크 강의를 시작하고 그해 가을 첫 투자를 시도했다. 나의 첫 투자 대상은 소형 아파트였다. 부동산에 투자한 이유는 간단하다. 든든하게 여겼던 금융자산이 실제로는 마이너스 구조라는 사실을 깨달았기 때문이다. 나는 플러스가 되는 수익 구조를 만들고 싶었다.

첫 투자를 위해 종잣돈을 만드는 일은 어렵지 않았다. 앞에서 제시한 사례들처럼 나 역시 자산 상태와 현금흐름을 점검하고 불필요하게 새는 비용을 모두 청산했다. 은행 적금과 펀드, 보험사에 가입했던 개인연금과 보험을 정리하니 약 3,000만 원가량의 여윳돈이 생겼다.

종잣돈이라는 것은 처음부터 모아야 하는 경우도 있지만, 나처럼 기존에 있던 자산을 활용하는 방법도 있다. 마치 타 금융기관에서 더 낮은 금리의 대출을 받아 기존에 가지고 있던 높은 금리의 대출금을 갚는 '대환대출'처럼 더 유리한 쪽으로 갈아타는 것이다.

재테크 공부를 하면 할수록 부동산에 투자해야겠다고 결심하게 되었다. 인플레이션 헤지가 가능해서이기도 했지만 무엇보다 실체가 존재한다는 것이 마음에 들었다.

주식은 폭락하면 그 돈이 흔적도 없이 사라질 수 있지만, 부동산은 아무리 큰 폭으로 떨어져도 그 존재 자체가 없어지는 일은 없다. 게다가 당시 나는 가진 돈이 많지 않았기 때문에 어차피 내가 구입하는 부동산의 등락 폭도 크지 않을 것이라고 생각했다.

아파트에 투자한 이유

그렇게 마음먹고 투자를 결심하니, 부동산의 종류가 너무 다양한 것이 새로운 문제로 다가왔다. 아파트, 빌라, 오피스텔, 상가, 토지 등 부동산 투자 종목이 광범위했다.

계속 고민하다가 간단하게 생각해보기 시작했다. 내가 생각한 기준점은 '내가 좋은 것은 남들도 좋고, 내가 싫은 것은 남들도 싫을 것이다'라는 전제였다. 가진 종잣돈이 적으니 강남의 아파트 같은 절대적으로 좋은 물건에 투자할 수는 없지만, 주어진 선택지 안에서 적어도 내가 싫은 것은 피하면 된다고 생각한 것이다.

나는 태어나서 20대 중반까지 아파트에서 살았고, 그 후로는 주택에 살고 있다. 그리고 빌라와 오피스텔에 사는 친구들 집에 놀러가 본 적이 있으니, 나에게는 아파트, 주택, 빌라, 오피스텔에 대한 직간접적인 경험이 있는 셈이었다.

사람들이 가장 선호하는 주거 형태는 '아파트'이다. 관리하기도 편리하고, 학교, 놀이터, 마트, 병원 등 주변 인프라의 혜택도 누릴 수 있다. 게다가 아파트는 '단지'가 형성되어 있는 경우가 많아 '거주 지역'이라는 심리적인 안정감을 가질 수도 있다.

'빌라'는 잠시 살아본 적이 있는데, 나의 경우에는 시야 확보가 어렵다는 점이 가장 불편했다. 빌라는 건물 간의 간격이 서로 가깝게 붙어 있는 경우가 많다. 그래서 창문을 열기가 부담스러웠고, 빛이 잘 들지 않는다는 것이 답답하게 느껴졌다. 아파트처럼 주변 인프라가 구축되어 있지 않은 점도 마이너스 요소가 되었다.

'오피스텔'은 상업지구에 위치한 경우가 많아서 아이를 키우거나 조용한 곳을 선호하는 경우에는 적합한 환경이 아니라는 생각이 들었다.

'상가'는 전혀 모르는 분야라 아예 투자 리스트에서 제외했고, '주택'은 관리하기 어려운 점이 많기 때문에 세입자들이 선호하는 형태는 아닐 것이라고 생각했다.

이렇게 나의 거주 경험을 기반으로 이런저런 생각들을 종합하여 아파트에 투자하기로 결정했다. 이처럼 투자를 할 때는 내가 잘 아는 것에 투자하는 것이 좋다. 투자의 주체가 다른 사람이 아닌 나 자신이기 때문이다. 아무것도 모르면서 남들이 선호하거나 유행하는 것을 따라 하면 결국 투기가 될 수밖에 없다. 그렇게 하면 투자에 성공한다고 해도 다음 투자에서 또 다른 사람의 힘을 빌려야 하고, 실패하면 그로부터 배우는 것 하나 없이 손실의 책임만 온전히 자신이 져야 한다. 그러므로 남의 이야기에 무조건적으로 의존하는 일은 반드시 피해야 한다.

왜 그 지역을 선택했을까?

이번에는 지역이 고민이었다. 당연히 서울이 가장 좋겠지만 서울의 아파트들은 너무 비쌌다. 그렇다고 잘 알지도 못하는 먼 지방으로 내려가는 것은 왠지 불안했다. 찬찬히 공부하면서 여러 지역의 입지를 분석하고 선택하면 좋겠지만, 나는 전국을 다 공부할 자신이 없었다. 오히려 그렇게 접근하면 너무 막연하게 느껴져서 시작조차 하기 어려울 것 같았다. 물론 이것은 어디까지나 나의 성향에 따른 문제였다.

그래서 나는 내가 가진 것이 무엇인지부터 다시 확인해보았다. 내가 가진 것은 종잣돈 3,000만 원과 아파트에 투자하겠다는 결정이었다. 당시에는 대출을 받는 것이 지금처럼 어렵지 않았고, 70%까지 담보 대출이 가능했기 때문에 결국 나는 '1억 원짜리 아파트'를 찾으면 된다는 결론을 얻었다.

서울과 수도권을 중심으로 1억짜리 아파트를 물색하기 시작했다. 인터넷에서도 검색해보고, 다짜고짜 공인중개소에 들어가서 "저 투자금 3,000만 원 있는데 이 돈으로 투자할 수 있는 아파트 있나요?"라고 물어보기도 했다.

공인중개소는 거래를 일으켜야 중개수수료가 생기기 때문에 웬만하면 거래할 수 있는 물건을 찾아주려고 한다. 물론 '돈 되는 손님'이 아니라고 생각하면 무시하는 경우도 있었다. 하지만 친절한 공인중개사들은 "여기서는 어렵지만 이런 동네를 한 번 가보세요"라고 투자 후보지를 추천해주기도 했다.

그러던 어느 날 우연히 지인과의 대화 중 "우리 언니네 집이 지금 딱 1억인데……."라는 이야기를 듣게 되었다. 결과적으로 그 아파트가 나의 첫 투자처가 되었다. 처음에는 그저 동네 구경이나 해보자는 가벼운 마음으로 그곳을 방문했다.

많은 분들이 투자할 때 가장 중요시하는 기준 중 하나는 '역세권'이다. 하지만 나는 투자 가능한 금액이 정해져 있었기 때문에 모든 조건을 충족시킬 수 없었다. 직접 대중교통을 이용하여 가보니 지하철에서 나오자마자 바로 버스로 환승이 가능했고, 집 앞에 버스정류장이 있어서 실제로 이동하는 데 크게 불편함이 없었다. 주변에도 학교와 마트 등 편리한 인프라가 구축되어 있는 의외로 좋은 환경이었다.

나는 '만약 내가 이곳에 산다면?'이라고 스스로에게 질문해보았고, '찬성'이라는 대답이 나와서 그 아파트를 매입했다.

첫 투자, 욕심보다는 자신감을 얻는 게 중요하다

나는 반짝 수입보다는 현금흐름의 안정을 추구하는 성향이기 때문에 첫 투자는 월세로 접근했다. 결과적으로 2년 동안 대출이자를 제외하고 월세 순수익으로 약 500만 원, 시세 차익으로 1,500만 원을 벌었다. 사람들이 생각하는 거창한 부동산 투자처럼 큰돈을 번 것은 아니었지만, 첫 투자 성적으로 나쁘지 않다고 생각했다. 3,000만 원을 투자해서 2년간 2,000만 원을 벌었으니 연 수익률은 약 33%였다.

보시다시피 투자는 무언가를 아주 잘 알아야만 할 수 있는 것은 아니다. 물론 어느 정도의 기본 공부는 당연히 필요하다. 하지만 처음부터 완벽한 투자를 하고 싶은 마음에 너무 공부에만 매몰되다 보면 정작 시작을 하기가 어려워진다. 시작이 있어야만 발전이 가능하고, 시작의 기본 전제는 행동이다.

이론 공부보다 실전 경험에서 얻는 것들이 더 큰 공부가 될 때도 많다. 실제로 나는 첫 부동산 투자 경험을 통해 이론상으로 익히기 어려운 것들을 많이 배웠고, 덕분에 다음 투자 그리고 또 그다음 투자를 할 수 있었다. 즉, 아파트 말고도 오피스텔, 빌라, 토지 등 다양한 분야에 투자를 하면서 경험을 쌓을 수 있었다.

처음부터 너무 욕심내지 않고 내가 할 수 있는 부분에 집중하면 나에게 적합한 투자처를 만날 수 있다. 그런데 그 기회를 만드는 것도 잡는 것도 결국 본인의 몫이다. 기회까지는 만들었는데 그것을 잡지 못한다면 그 역시 본인의 책임이다. 자동차 시동만 걸어놓는다고 목적지에 도달할 수는 없다. 용기를 내어 엑셀을 밟아야 한다.

초보 운전자가 처음부터 부산까지 운전하여 가기는 어렵다. 처음에는 너무 멀지 않은 곳으로 목적지를 설정하고 엑셀을 밟으면 된다. 그렇게 첫 목적지에 도착하고 나면, 그다음 목적지까지 가는 거리가 단축되는 것은 너무도 자명한 일이다.

부디, 시작하자. 할 수 있는 만큼 행동하다 보면 어느새 행동반경이 넓어지고, 점차 더 큰 기회들을 잡을 수 있다.

투자 기회에 대한 부자들의
열린 마음을 배워라

부자들이 부동산 투자를 선호한다고?

KB금융지주경영연구소에서 발행한 〈2019 한국 부자보고서〉에 따르면, 한국 부자들의 총자산 중 50% 이상이 부동산이라고 한다. 그리고 부자들 중 약 40%는 최근 3년 동안 자산 손실을 경험했는데, 가장 큰 손실을 본 종목은 주식과 펀드라고 한다.

이것만 보더라도 부동산은 부를 이루는 중요한 자산인 것 같다. 바꾸어 이야기하면 부자가 되기 위해서는 필연적으로 부동산 투자가 병행되어야 한다는 말이다.

그런데 여전히 부동산 투자라는 말에 거부감을 가지는 사람들이 많다. 부동산은 다른 투자들과 다르게 초기 진입 장벽이 높다고 생각하고, 자신은 돈이 없어서 할 수 없는데 이미 진입한 사람들은 돈을 쉽게 번다고 느끼기 때문이다.

나는 집 한 채 마련하는 것도 어려운데 그런 투기꾼들 때문에 자꾸만 부동산 값이 치솟는 것 같다고 생각한다. 이에 상응하기라도 하듯 부동산에 대한 정부의 규제는 날로 강화되고 있다.

물론 부동산 투자를 잘 활용하면 부자가 되거나 부자의 삶을 유지하는데 큰 도움이 되는 것은 맞다. 하지만 그 전에 우리가 알아야 하는 사실이 있다. 부자들은 '열린 마음'으로 '열린 기회'를 활용한 사람들이라는 것이다.

스물세 살에 백만장자가 된 미국의 유명한 석유 사업가 장 폴 게티(Jean Paul Getty)는 이 지구상에 있는 모든 돈을 몰수하여 한날한시에 전 세계 사람들에게 동일하게 나누어 주어도 불과 30분만 지나면 각자가 소유한 재산에는 큰 차이가 생겨날 것이라고 이야기했다.

안타깝지만 부자와 가난한 사람들은 이미 어느 정도 정해져 있다는 것이다.

손 놓고 걱정만 하는 사람들에 대하여

부동산 투자로 돈을 벌었다는 이야기 끝에는 예전이나 지금이나 "이제는 불가능하다"라는 말이 붙는다. 그러면서 "그때는 부동산이 상승장이었다", "그때는 매매가 대비 전세가 비율이 높았다", "그때는 대출이 잘 나왔다", "그때는 세금이 비싸지 않았다", "그때는 경쟁률이 이렇게 높지 않아서 경매 낙찰가가 비싸지 않았다" 등등. 그때는 모든 것이 가능했지만 지금은 불가능하다며 열심히 철통 방어를 한다.

하지만 부동산 값이 떨어질 것이란 이야기는 이미 10년도 더 전부터 있었다. 물론 시간이 흐를수록 부동산 투자가 어려워지고 있는 것은 맞다. 하지만 어려워질 것이라는 기대 속에서 아무것도 하지 않은 사람들은 여전히 경제난으로 허덕이고 있고, 어려움 속에서도 기회를 찾는 사람들은 조금씩 부를 일구어가고 있다.

내가 경험한 바로는 무주택자가 다주택자 법을 걱정하고, 팔 집이 없는 사람이 양도세를 걱정하는 경우가 많았다. 애초에 시도조차 하지 않았으면서 시작 전후에 일어날 모든 종류의 걱정부터 하는 것이다. 직접 투자를 하는 사람들은 그런 막연한 걱정에서 벗어나 본인이 할 수 있는 것들을 담담하게 처리한다.

심리학의 3대 거장인 알프레드 아들러(Alfred Adler)는 "인간은 때로 패배로부터 도망치기 위해 스스로 병을 일으킨다"라고 말했다. 심리학에서는 미래에 실패할 것이 두려워 미리 스스로 장애물을 만드는 것을 '자기불구화(self-handicapping)'라고 부른다.

재테크를 해나가는 과정은 결코 쉽지 않다. 목표도 세워야 하고, 나의 현재 재정 상태 점검도 필요하고, 그 상태를 올바른 방향성에 맞게 개선해나가야 하며, 투자를 위한 공부 또한 병행해야 하기 때문이다.

자본 소득을 창출하는 사람들은 그저 운이 따라서 좋은 투자처를 만나 공돈을 얻은 사람들이 아니다. 이 모든 단계를 거쳐 결과를 얻어낸 사람들이다.

그에 비해 손 놓고 걱정만 하는 사람들은 우선 그 많은 것을 실행하기가 귀찮다. 하지만 귀찮다고 말하기에는 자존심이 상하니 미리 실패 가능성을 점치며 시도하지 않아도 되는 핑곗거리를 찾아 '자기불구화'를 일으키는 것이다.

많은 이들은 자신의 꿈이 '건물주'라고 말하지만, 사실 그들이 바라는 것은 자신의 노력이 필요치 않은 '상속받은 건물주'가 되는 것이다. 건물은 건물주에게 돈을 벌어다 주지만, 건물주가 되기까지는 기본적인 노력이 필요하다는 사실을 간과해서는 안 된다.

자기 자신을 불구화시키면서까지 핑계를 찾아낼 시간에, 내가 할 수 있는 것을 찾아 시도해보는 것이 어떨까? 설령 실패하더라도 그 경험은 다음 투자에서 실수를 피하게 돕는 든든한 버팀목이 되어 줄 것이다. 더불어 실패 요인을 분석하고 수정해가면서 더 나은 선택을 하게 하는 안목을 기를 수 있다.

부자와 가난한 사람들은 이미 어느 정도 정해져 있다. 하지만 자기불구화를 극복하고 열린 마음으로 현재 할 수 있는 일에 집중하기 시작한다면, 누구나 정해진 운명의 판도를 뒤집을 수 있다.

거주 공간을 마련한다는 인식 전환이 필요하다

부동산에 대해 우선적으로 가져야 하는 인식은 투자 혹은 투기

이전에 우리의 거주 공간이라는 사실이다. 집은 우리가 온전히 우리 자신의 모습으로 편안함을 누릴 수 있는 유일한 공간이다. 더불어 사랑하는 가족과 오랜 세월 함께하는 삶의 현장이기도 하다.

우리가 스스로에게 이런 삶의 토대를 마련해주지 않는다면 항상 불안감을 안고 살아갈 수밖에 없다. 그런 측면에서 당장 집을 살 여력이 되지 않으면 거주 안정화를 목표로 종잣돈 마련에 최선을 다해야 한다.

투자 여력이 있는 사람들은 아직 집이 없는 사람들에게 거주 공간을 마련해주는 역할을 할 수 있다. 우리는 각자 자신이 마주한 상황에서 최선의 것을 선택하며 더 나은 방향으로 삶을 조금씩 변화시켜 나가면 된다.

현재는 정부의 부동산 규제가 나날이 강화되고 있는 시점이기 때문에 섣불리 이전처럼 다량의 투자를 할 수는 없다. 그러나 우리는 여전히 선택할 수 있다. 나는 안 된다고 주저앉을 것인지, 아니면 내가 가질 수 있는 자산을 업그레이드시킬 것인지 말이다.

경제 흐름에는 호황기와 불황기가 있고, 정부 대책 역시 변화한다. 가난한 사람은 외부의 환경에 잠식되어 버리지만, 부자들은 그 안에서 자신이 할 수 있는 방법들을 찾는 사람들이다.

이렇듯 우리가 재테크에 실패하는 것은 외부 환경 때문이 아니다. 인식의 문제가 더 큰 실패의 원인이 된다. 우리가 어떤 태도를 가지고 재테크에 접근하고 있는지 한 번 점검해보았으면 한다.

레버리지를 배우면
투자의 스케일이 달라진다

부동산, 내 돈만으로 구입하지 않는다

우리가 부동산 투자에 거부감을 가지는 가장 큰 이유는 종잣돈 때문이다. 초기에 들어가는 비용 자체가 소액으로 가능한 주식이나 펀드 등과는 비교도 안 될 만큼 비싸다고 생각하기 때문에 지레 포기하는 것이다.

부동산을 구입할 때는 거주용이든 투자용이든 온전히 내 돈으로 매입하는 경우는 거의 없다. 물론 내가 가진 자본만으로 구입하는 것이 가장 좋은 것은 두말할 여지가 없다. 하지만 몇 천만 원에서 몇 억 원에 달하는 돈을 투자에 여유롭게 할애할 수 있는 사람이 많지 않은 게 현실이다.

40대의 수강생 유은아 씨는 맞벌이 여성이다. 그녀는 남편과

3억짜리 전셋집에 살고 있다. 하지만 그들 부부는 시간이 흐를수록 자가의 필요성을 느끼게 되었다.

현재 살고 있는 집과 비슷한 조건의 집을 구입하려면 전세보증금보다 더 큰돈이 필요하다. 집을 사기 위해 추가적으로 필요한 금액만큼 돈을 모으려면 그 사이 집값이 더 오를 확률이 높다. 따라서 무작정 돈이 모일 때까지 기다리는 것은 좋은 방법이 아니다. 그럼 그녀는 어떻게 해야 할까? 타인의 자본을 활용해야 한다. 주택 담보 대출을 받으면 된다.

전세보증금을 돌려받으면 가용 자산이 3억 원이다. 그럼 구입하고자 하는 부동산 가격에서 3억 원을 뺀 남은 금액만큼 주택 담보 대출을 받아 거주용 부동산을 구입하면 된다. 대출 원리금을 갚아 나가야 한다는 부담이 있지만, 인플레이션 헤지가 가능한 안전 자산을 보유하게 된다는 장점이 있다.

그런데 의외로 우리가 놓치고 있는 숨어 있는 자산들이 있다. 유은아 씨 부부는 둘 다 10년 이상 직장 생활을 한 사람들이었다. 회사마다 조건에 차이가 있기는 하지만, 주택 구입 목적으로 퇴직금을 중간 정산해서 받을 수 있다. 더불어 직장인들은 비교적 저렴한 금리로 신용대출(마이너스 통장) 이용이 가능하다.

유은아 씨 부부에게 퇴직금 중간 정산 가능 여부와 금액, 마이너스 통장 한도를 알아보라고 했더니, 퇴직금 중간 정산 총 2억 원, 마이너스 통장 한도 1억 원이 가능하다고 했다. 기존의 전세보증금까지 합치면 활용 가능한 자산이 총 6억 원이 된다.

그들은 거주용 부동산이 아니라 투자용 부동산을 구입하기로 결정했다. 기존에 살던 집과 비슷한 조건의 집에 월세로 들어갔다. 보증금 1억 원에 월세 100만 원이었다. 그리고 남은 5억 원으로 3억 5,000만 원짜리 아파트와 1억 5,000만 원짜리 오피스텔을 구입했다.

유은아 씨 부부는 그 두 개의 부동산을 통해 월세 총 170만 원을 받게 되었다. 170만 원을 받아 그들이 살고 있는 집의 월세 100만 원을 내고, 마이너스 통장 이자(금리 3%) 25만 원을 내고도 45만 원의 여윳돈이 생기게 되었다.

그들이 월세를 살고 있어도 문제가 되지 않는 것은 여전히 인플레이션 헤지가 가능한 부동산을 보유하고 있기 때문이다. 그들이 투자한 아파트의 가격은 실제로 2년 만에 1억이 올라서 월세와 더불어 시세 차익도 놓치지 않게 되었다.

이렇듯 대출이라는 타인의 자본과 잠자고 있는 자산을 움직이면, 집 없는 전세 세입자의 신분에서 벗어나 부동산 소유를 넘어 추가 수익까지 창출할 수 있게 된다.

물론 개인의 상황에 따라 활용할 수 있는 대출이나 자본이 다르다. 중요한 것은 기존의 생각의 틀에서 벗어나 유연하게 생각하기 시작하면 부동산 소유가 그저 어려운 일, 남의 이야기만은 아니라는 것이다.

은행의 역사로 배우는 레버리지 활용법

'은행'이라는 기관이 어떻게 시작되었는지 그 유래에 대해서 한 번 살펴보겠다. 부동산 이야기를 하다가 뜬금없이 웬 은행인가 싶겠지만, 그 원리를 이해하면 우리도 투자에 있어 조금 더 수월한 시선을 가질 수 있다.

때는 바야흐로 17세기의 영국으로 거슬러 올라간다. 당시에는 지금과 같은 화폐는 없었지만 대신 금을 녹여서 만든 '금화'를 사용했다. 그런데 종이화폐든 금화든 그것을 집에 보관하기 불안한 것은 매한가지였다. 그래서 지금의 우리가 은행에 돈을 맡기듯이 당시에는 마을에서 가장 튼튼한 금고를 가지고 있는 금세공업자에게 금화를 맡겼다.

우리가 은행에 돈을 맡기면 통장에 금액을 찍어주는 것처럼 금세공업자는 금화를 맡긴 사람들에게 보관증을 써주었다. 보관증을 보여주면 바로 금을 돌려주는 조건으로 말이다. 보관증은 금화보다 가볍고 휴대가 편리하니 언젠가부터 사람들은 금화 대신 보관증을 서로 교환하기 시작했다.

어느 순간, 금세공업자는 실제로 자신에게 와서 금화를 찾아가는 사람들은 극소수라는 사실을 깨달았다. 그래서 그는 돈이 필요한 사람들에게 금고에서 놀고 있는 금을 빌려주고 그에 대한 이자를 받기 시작했다.

그런데 갑자기 돈을 많이 버는 금세공업자를 수상하게 여긴 사람들이 수소문 끝에 이 사실을 알게 되자, 금세공업자는 금 주인들에게 대출 이자를 나누어 주기로 했다. 하지만 금을 맡긴 사람들에게 주는 예금 이자보다 금을 빌려간 사람들에게 받는 대출 이자가 항상 더 크기 때문에 문제될 것은 없었다.

금세공업자는 더 큰 욕심이 생겨 결국 금고에 없는 돈까지 빌려주기 시작했다. 평균 10%의 사람들만이 금을 찾으러 온다는 경험을 바탕으로 금고에 있는 금보다 10배 많은 보관증을 만들어 대출을 감행했던 것이다.

이 금세공업자의 비즈니스가 은행업의 시초가 된다. 은행에서는 고객이 예금한 돈의 일정 부분만 남겨두고 나머지는 모두 대출로 활용한다. 요즘 예금 이자는 1% 정도인데 대출 이자는 평균 3% 정도이다. 그렇게 은행은 2%의 마진을 얻게 된다.

은행의 기본 수익 구조가 바로 이 예대마진이다. 예대마진이란 예금 이자와 대출 이자의 차이에서 발생하는 이익이라는 뜻이다. 결국 은행은 타인의 자본을 이용하여 돈을 버는 기업이다. 우리도 은행의 수익 원리를 알고 활용할 수 있다면, 내가 가진 돈이 조금 부족해도 수익을 낼 수 있다.

레버리지의 놀라운 기적

재테크에 관심 있다면 '레버리지(leverage)'라는 단어를 들어보았을 것이다. 한국어로 해석하면 '지렛대'이다. 레버리지는 타인의 자본을 지렛대처럼 이용하여 나의 수익을 높이는 투자전략을 뜻한다.

타인의 자본이라 함은, 말 그대로 내 돈이 아닌 모든 것이다. 대출 또는 전세보증금 등을 들 수 있다.

앞서 말했던 것처럼 내가 맨 처음 했던 투자는 1억짜리 아파트였다. 당시 나에겐 1억 원이 없기도 했지만, 만약 1억 원의 종잣돈이 있었더라도 대출을 받았을 것이다. 레버리지 효과를 얻기 위해서이다. 나의 첫 아파트 투자 사례를 통해 다시 한 번 레버리지 투자의 효과에 대해 계산해보겠다.

〈표 3-1〉 나의 첫 아파트 투자에서 발생하는 레버리지 효과 비교

아파트 금액	100,000,000원	
대출	70,000,000원	0원
월세보증금	5,000,000원	5,000,000원
월세 금액	400,000원	400,000원
대출 이자(연 3%)	175,000원	0원
투자금	25,000,000원 (아파트 가격-대출금-월세보증금)	95,000,000원 (아파트 가격-월세보증금)
월 수익금	225,000원 (월세-대출 이자)	400,000원
연 수익률	약 11%	약 5%

위를 표를 보면, 레버리지를 이용하지 않고 순수하게 내 돈으로만 투자하면 수익률이 현저히 줄어드는 것을 볼 수 있다. 9,500만

원을 투자하여 월세 480만 원(월 40만 원 × 12개월)을 버는 것이니 연 수익률이 약 5%이다. 반면에 대출을 활용하면 2,500만 원만 있어도 1억짜리 아파트 투자가 가능하다. 심지어 수익률도 대출을 활용하지 않을 때보다 약 두 배나 더 높은 11%이다.

내가 1억 원을 가지고 있어서 그 돈을 모두 투자금으로 사용할 수 있는 상황이라면 이야기가 더 드라마틱해진다. 위의 경우로 보았을 때 레버리지 없이 1억짜리 아파트에 투자하면 약 5%의 수익이 생긴다. 하지만 레버리지를 활용하면 본인 투자금이 2,500만 원이기 때문에 1억으로 네 채의 아파트에 투자를 할 수 있다. 그럼 한 채당 수익률이 11%이니 네 개면 44%가 된다. 같은 투자금으로 수익률은 거의 9배 차이가 난다.

레버리지의 구조를 보여주기 위한 계산이므로 편의상 부대비용 및 세금이 제외되어 있어서 약간의 수익률 변화는 있다. 다만, 같은 자금을 가지고 있을 때 레버리지를 활용하는 것과 활용하지 않는 것에 수익률의 차이가 있다는 것만 이해하면 된다.

은행이 우리의 예금을 이용해 대출을 해주고 마진을 가지듯이, 우리 역시 은행의 돈을 이용해 수익 마진을 극대화시키는 것이다.

이번에는 대출을 활용하지 않고 1억짜리 아파트를 2,000만 원에 구입한 경우도 살펴보겠다. 전세보증금이라는 레버리지를 활용한 것이다. 아파트 가격은 1억 원이지만 그곳에 실제 거주하는 전세 세입자가 8,000만 원의 전세보증금을 주고 들어왔기 때문에 투자 시 2,000만 원만 있으면 된다.

만약 그 아파트가 2년 후에 3,000만 원이 올랐다고 가정해보자(실제 사례이기도 하다). 그럼 2,000만 원을 투자해서 2년 동안 3,000만 원을 번 것이니 연 수익률은 무려 75%이다. 이게 바로 흔히 말하는 '갭투자'이다. 매매가와 전세가의 격차만큼의 돈으로 집을 구입하는 것이다. 그리고 집값이 오르면 집을 되팔아 오른 만큼의 차익을 실현하는 것이다.

다만, 조심해야 하는 부분은 분명히 있다. 갭투자의 경우 갑자기 세입자가 나가야 하는 상황이 발생하면 보증금을 돌려주어야 한다. 새로운 세입자가 바로 나타나지 않으면 투자자가 그 보증금을 마련해야 한다. 그때 그 금액을 잠시나마 융통할 수 있는 추가적인 장치가 필요하다. 추가 장치를 마련할 수 없다면 무조건적인 레버리지 활용은 매우 위험하다.

생계형 대출 vs 수익형 대출

여기서 내가 말하고자 하는 바는 부동산 투자를 하기 위해서 꼭 큰돈이 있어야 하는 것은 아니라는 점이다. 대출을 극도로 싫어하는 사람들이 있는데, 우리는 그 용도를 명확히 구분해야 한다.

이자 비용이 내 자산에 구멍을 내고 있는 대출, 즉 생계형 대출이라면 불가피한 상황 외에는 절대 이용하지 말아야 한다. 하지만 반대로 '수익률을 높이는 용도'의 수익형 대출이라면 내 자산을 플러스로 만들어 주기 때문에 활용하는 것이 계산상으로는 이득이다.

현재는 정부의 부동산 정책 때문에 대출이 어려워져서 레버리지를 활용하는 투자가 무의미해진 상황이지만, 여기서 말하고자 하는 핵심은 모든 것을 전부 나의 자본으로 마련해야 한다는 압박감에서 벗어나라는 것이다.

내 집 마련도 결국 레버리지가 필요하다. 내 집은 거주를 위한 공간이기 때문에 단기적으로는 수익을 위한 투자로 볼 수는 없다. 따라서 여기에 동반되는 대출은 레버리지 활용을 위한 대출이 아니라 나의 자산에서 이자 비용을 지불해야 하는 마이너스 대출인 셈이다.

하지만 내가 집을 사려고 돈을 모으는 동안 계속해서 집값이 오를 것이기 때문에 대출을 활용하여 미리 집을 구입해놓는 것이 계산상 현명한 방법일 수 있다.

집값이 떨어질 수도 있지 않느냐고 반문할 수 있다. 물론 그럴 가능성도 있다. 하지만 우리가 원하는 집은 입지가 좋은 부동산일 것이므로 그런 일은 흔치 않을 것이다. 그리고 거주용 부동산이나 월세를 받는 수익형 부동산의 경우, 집값이 오르든 떨어지든 사실 크게 상관이 없다.

거주용 부동산의 경우, 집값이 오른다고 해서 오른 만큼의 돈을 손에 쥐기 위해 내가 살던 집을 팔고 당장 다른 곳으로 이사를 가는 경우는 거의 없을 것이다. 수익형 부동산 역시 매매 차익 실현이 아닌 매달 들어오는 월세를 받는 것이 목적이기 때문에 단기적인 집값의 변화에 민감하게 반응할 필요가 없다.

세상에 그 어떤 것도 정답은 없기에 "투자 시 꼭 레버리지를 활용하세요"라고 말씀드릴 생각은 없다. 하지만 우리가 투자를 하는 목적이 수익 창출이라는 사실을 기억한다면, 레버리지를 활용하여 우리의 자산 규모를 더 높여갈 수 있는 전략을 거부할 이유는 없다.

절약, 최우선 과제의
함정

영화 〈인 타임〉에서 배우는 물가 상승의 교훈

여러분은 절약의 의미를 어떻게 생각하는가? 절약의 사전적 의미는 '함부로 쓰지 않고 쓸씀이를 아껴 꼭 필요한 곳에 사용하는 행위'라고 한다. 하지만 자본주의 시장경제에서는 절약이 조금 어려운 것 같다.

〈인 타임(In Time)〉이라는 영화를 보았는가? 우리는 현실에서 필요한 것을 교환할 때 '돈'을 사용한다. 이 영화에서는 돈 대신 '시간'을 사용한다. 일을 하면 시간을 벌고, 무언가를 결제할 때도 시간을 쓴다.

여기서 시간이라 함은 곧 '생명시간'이다. 시간을 벌면 그 시간만큼의 생명이 연장되고, 시간으로 다른 것을 구매하면 소비한 시간만큼 생명이 줄어드는 것이다.

이 영화에서 정말 안타까운 장면이 있었다. 주인공의 엄마는 생명시간이 1시간 30분밖에 남아 있지 않은 상태였다. 즉, 1시간 30분 후면 죽음의 문턱으로 가야 했다. 생명 연장을 위해서는 아들의 시간을 빌려야 했기 때문에 빨리 아들을 만나야만 했다.

집에 가려고 서둘러 버스에 올라탔는데, 버스 기사는 버스비가 모자라다며 버스를 타지 못하게 했다. 분명히 어제는 버스비가 '한 시간'이었는데 오늘부터는 버스비가 '두 시간'으로 올랐다면서 말이다. 하루 사이에 물가가 배로 올라 버린 것이다.

그녀는 할 수 없이 두 시간 거리인 집까지 혼신의 힘을 다해 달려갔지만, 아들의 코앞에서 그녀가 가진 시간이 모두 소진되어 결국 죽고 말았다.

절약의 이유를 명확히 알고 있어야 한다

우리가 돈을 쓰는 필수 항목은 의식주이다. 음식과 옷, 지낼 공간 없는 생활, 아니 생존 자체가 불가능하다. 그래서 우리는 열심히 일을 해서 돈을 벌고, 최대한 절약하려고 노력한다.

그런데 이런 우리의 노력을 비웃기라도 하듯 물가는 계속 오르고 의식주 비용도 높아진다. 이 말은 곧 들어오는(+) 돈은 그대로인데, 나가는(-) 돈이 늘어난다는 것이다. 〈인 타임〉에서처럼 오늘 할 수 있었던 것들이 내일은 더 많은 양의 돈을 필요로 한다.

물론 현실에서는 영화처럼 하루 단위로 물가가 오르지는 않는다. 그럼에도 물가는 꾸준히 상승했다. 특히 '주(住)' 항목이 많이 올랐다. 살아갈 공간을 마련하기 위해서는 절약이 절대적으로 필요해졌다.

중요한 것은 절약하는 이유를 명확히 인지하고 있어야 한다는 점이다. 예를 들어, 물건을 구입할 때 사이트별로 비교해가며 저렴하게 구매하는 것을 목적으로 두는 게 절약이 아니다. 단지 절약하는 행위에 취해서 스스로 만족할 것이 아니라, 그 절약한 돈으로 빠르게 종잣돈을 모아 인플레이션에 대응할 수 있는 자구책을 만들어야 하는 것이다. 절약은 '꼭 필요한 것에 돈을 사용하기 위해' 했던 행위이니까 말이다.

절약, 종잣돈 마련 전과 후는 달라야 한다

절약에는 두 가지 단계가 있다. 종잣돈을 모으기 전의 절약과 종잣돈을 모은 후의 절약이 그것이다. 많은 사람들이 절약을 단순히 아끼는 행위라고 생각한다. 하지만 우리가 절약하는 이유는 절약해서 모은 돈을 끌어안고 살기 위해서가 아니다. 그렇게 모은 종잣돈으로 삶의 다음 단계를 진행하기 위해서이다.

종잣돈을 모으기 전까지는 아끼는 행위가 필연적이지만, 이후부터는 새어나가는 돈을 막는 것으로 더 큰 절약이 가능해진다. 단계에 따라 집중해야 하는 절약이 다른 이유를 살펴보자.

종잣돈 모으기 전의 절약

종잣돈을 모으기 전에는 우리가 상식적으로 알고 있는 절약을 해야 한다. 이 단계에서는 적금을 들 때 1%라도 이율이 높은 은행을 찾아야 한다는 조언을 종종 접한다. 그런데 종잣돈의 크기가 크면 1%가 큰 위력을 발휘하지만, 초기 단계에서는 그 1%가 내 자산 형성을 크게 좌우하지는 않는다.

금리가 조금이라도 더 높으면 당연히 좋다. 하지만 금리 1% 높은 곳을 찾으려고 온갖 시간과 에너지를 투자하고, 그것을 찾아냈다는 기쁜 마음에 그날 저녁 치킨을 시켜먹는다면 그 1%는 무용지물이라는 것이다.

처음에는 좋은 이율을 찾는 것도 중요하다. 하지만 그보다 내가 정말 필요한 것 외에 비용을 아끼는 연습에 집중하는 것이 더 도움이 된다.

종잣돈 모은 후의 절약

종잣돈을 모은 후부터는 절약의 종류가 달라져야 한다. 이제부터는 금융회사와의 싸움이다. 종잣돈을 모아 부동산을 구매했다고 가정하면, 우리는 부동산 구매와 동시에 거의 필연적으로 대출을 떠안는다.

대출은 이자를 발생시킨다. 앞서 이야기한 것처럼 은행은 이자비용으로 수익을 내는 기업이다. 즉, 사람들이 대출을 많이 받으면 받을수록 돈을 더 많이 버는 구조이다. 은행 입장에서는 사람들이 대출을 많이 받아갈수록 좋은 것은 당연하고, 더불어 대출을 최대한 오래 유지하기를 희망한다.

사람들이 대출을 갚으면 더 이상 이자를 받을 수 없으니, 소위 '돈줄'이 끊기는 상황이다. 그래서 은행은 최대한 사람들이 대출을 갚지 못하도록 유도한다.

담보 대출을 받으러 가면 은행에서는 대출을 이용하기 위해서는 필수적으로 신용카드를 발급받아야 한다고 한다. 사실 현금을 쓸 때보다는 카드를 쓸 때 우리의 지출은 늘어난다.

카드는 내가 쓴 돈을 한 달 뒤에 갚으면 되니까 나에게 당장 손실의 기분을 안겨주지 않는다. 그래서 카드를 쓰면 소비에 대한 죄책감이 없으므로 자연스럽게 지출이 늘어날 수밖에 없다.

대출을 갚는 데에 총력을 다해도 그 대출을 빨리 갚을 수 있을까 말까인데, 지출이 늘어나면 대출을 빨리 갚는 게 더 어려워진다.

게다가 은행에서는 대출을 받을 때 대출 금리 인하 조건으로 여러 가지 상품 가입을 권한다. 청약통장을 만들라든가 아니면 개인연금이나 펀드를 가입하라는 식이다. 그럼 우리는 매달 들어오는 수입에서 저 금융 상품들에 납입하는 금액 때문에 지출이 또 늘어난다. 명목은 자산 형성 목적이지만 실제로는 나의 돈을 분산시켜 대출을 빨리 갚지 못하게 하려는 은행의 계략이다.

그런데 순진한 우리는 은행이 우리의 미래를 위해 투자를 종용해준다며 고맙게 생각한다. 이런 식으로 금융 지출이 늘어나면 다른 곳에서 아무리 힘들게 절약을 해도 돈이 계속 새어나갈 수밖에 없는 구조를 가지게 되는 것이다.

　우리는 표면적인 절약에서 벗어나 자본주의 구조 속에서 올바른 절약을 실천할 수 있어야 한다. 맹목적으로 그저 먹고 입는 것만 아끼다가는 영화 〈인 타임〉에 나오는 엄마처럼 우리도 생존을 위협받을 수 있다.

부자가 되고 싶다면
손에서 책을 놓지 마라

부자들이 독서에 목을 매는 이유

앞서 이야기했던 것들이 지금 당장 우리가 알아야 하는 현실적인 재테크 공부라면, 지금부터 설명하는 공부는 조금 장기적으로 해야 하는 공부이다.

빌 게이츠(Bill Gates)는 "하버드 졸업장보다 소중한 것은 독서하는 습관이다"라고 말했다. '오마하의 현인', '투자의 귀재'로 불리는 세계적인 투자가 워런 버핏(Warren Buffett)도 하루 최소한 5시간 이상을 책과 자료를 읽는 데에 사용한다고 한다. 이 외에 애플의 스티브 잡스(Steve Jobs), 페이스북의 마크 저커버그(Mark Zuckerberg), 소프트뱅크의 손정의 등 세계 최고의 부자들은 하나같이 독서의 중요성을 강조했다.

톰 콜리(Thomas C. Corley)의 《습관이 답이다》라는 책에서도 연소득 약 1억 7,400만 원 이상, 혹은 순유동자산 약 34억 8,000만 원 이상을 가진 223명의 부유한 사람들을 조사했는데 그중 88%는 매일 30분 이상 독서를 한다고 했다. 이렇듯 부자들의 가장 큰 공통점은 '독서하는 사람들'이라는 것이다.

그런데 문화체육관광부에서 조사한 〈2019년 국민 독서실태 조사〉 보고서에서는 대한민국 성인 독서량이 전자책과 오디오북을 포함하여 연간 총 7.5권이라고 한다. 평균적으로 책을 한 달에 한 권도 읽지 않는다는 이야기이다.

출판계에서는 항상 단군 이래 최대의 불황이라는 씁쓸한 이야기만 들려온다. 아무리 독서의 중요성을 강조해도 책을 읽는 사람들은 많지 않다. 이제는 유튜브, 넷플릭스 등 영상으로 정보를 접하는 것이 일반화되어 가는 시대라 우리의 삶은 책과 더욱더 멀어져 가고 있다.

부자가 되는 데 독서가 필수적인 이유는 단지 책으로 여러 지식과 정보를 얻을 수 있기 때문만은 아니다. 우리는 책을 통해 현실에서 직접 경험할 수 없는 수많은 경우의 수를 접할 수 있다. 그 간접 경험들 속에서 그 과정을 직접 겪어내는 저자를 보며 지혜와 통찰을 배울 수 있다. 또한 저자 대신 그곳에 나 자신을 대입하여 나라면 그 과정을 어떻게 풀어낼까 고민하며 사색의 힘을 키울 수도 있다.

책으로 지식과 정보를 얻는 것은 부차적인 문제이다. 누군가 우리에게 아무리 엄청난 양의 지식과 정보를 가져다주어도, 자신이 그것을 수용할 수 있는 상태가 아니면 그것들은 나를 비껴 흘러가 버린다. 부자들은 책을 통한 간접 경험으로부터 지혜와 통찰을 얻고, 더불어 여러 지식과 정보들을 자신의 삶에 잘 결합시켰기에 부자가 된 것이다.

독서를 통해 자신을 지킬 힘을 길러라

2억 원을 가진 두 명의 사람이 있다. A는 부동산 강사가 찍어준 하나의 아파트에 전액을 투자하여 시세 차익으로 2억 원(수익률 100%)을 벌었다. 그에 비해 B는 2억 원을 5등분으로 쪼개어 다섯 곳에 투자했다.

B는 한 곳당 투자할 수 있는 종잣돈의 금액이 작아서 A처럼 소위 '좋은' 아파트를 구입할 수는 없었다. A처럼 하나의 좋은 물건에 집중 투자하면 일시적인 수익은 훨씬 높겠지만, 그럼에도 불구하고 B는 '경험'을 선택했다. 경험을 얻기 위해 여러 지역과 여러 종류의 부동산, 그리고 금융 자산에 분산하여 투자를 한 것이다.

누가 "이거 사!"라고 알려준 것이 아니라 책과 강의 등을 통해 스스로 공부하여 투자를 감행했다. 어떤 투자에서는 손실을 보기도 했고, 또 내로라할 수익률을 보이지 않는 투자도 있었다. 그렇게 여러 개의 투자를 통해서 B는 평균 1억 원(수익률 50%)의 수익을 이루어냈다.

두 사람 중 어떤 투자가 현명한 방법일까? 당신이라면 어떤 선택을 할 것인가?

A는 목적지에 가기 위해 엘리베이터를 탄 것이고, B는 계단으로 올라간 경우라고 볼 수 있다. 상식적으로는 엘리베이터를 타면 목적지에 더 빠르게 도착한다. 하지만 혹여 엘리베이터가 고장이라도 나면 우리는 그 안에 갇혀 버린다. 누군가가 구조해줄 때까지 스스로 빠져나올 방도가 없다. 즉, 외부 변수에 대응하는 능력이 없다는 것이다.

그런데 계단으로 올라가면 내 숨에 따라 원하는 만큼씩 오를 수 있다. 처음에는 속도도 느리고 가다가 넘어지는 순간도 온다. 하지만 점점 체력이 붙고 올라가는 데에도 가속이 붙는다. 그래서 이 경우에는 외부 변수와 무관하게 스스로 모든 상황을 통제해나갈 수 있게 된다.

이처럼 진짜 부자가 되기 위해서는 눈앞의 일시적인 수익에 집착하기보다는 경제적인 자유를 이루어가는 '과정'을 경험해야 한다. 부자는 단지 돈이 많은 사람이 아니라 돈을 움직일 줄 아는 사람이다.

무언가를 주체적으로 움직일 수 있으려면 힘이 필요하다. 그리고 그 힘을 가지려면 올바른 것들을 선택할 수 있는 지혜와 통찰이 필요하다.

스스로 생각할 수 있는 힘이 없으면 다른 이들이 짜놓은 판에서 놀아야 한다. 사실 이미 자본주의라는 큰 판은 짜여져 있다. 우리가 아무리 공부한다고 한들 한 개인이 그 거대 체제에 맞설 수는 없다.

그러나 그 안에서 스스로를 지키는 선택은 해나갈 수 있다. 스스로를 지킬 수 있는 힘, 이것이야말로 선택이 아닌 필수 아닐까? 단언컨대, 독서가 그런 힘을 길러주는 거의 유일한 수단 중의 하나라고 생각한다. 그렇기에 부자들이 독서에 목을 매는 것이다.

어떤 책을 읽을 것인가?

어떤 책부터 읽어야 할지 어려워하는 분들이 많다. 답은 '손이 가는 책'부터 읽으면 된다. 아무리 좋은 책이라도 이해하기 어렵거나 재미없어서 읽지 않는다면 그 책은 존재하지 않는 것과 다름없다.

직접 서점에 가서 제목과 목차를 둘러보거나, 또는 온라인에서 다른 독자들의 리뷰를 보고 흥미가 생기는 책부터 읽으면 된다. 지금 이 책을 읽는 독자분은 돈이나 재테크, 그리고 부자에 대해 관심이 있으니 그런 분야의 책들 중 눈이 가는 것부터 읽으면 되는 것이다.

한 분야의 책을 여러 권 읽다 보면 여러 저자들이 말하는 공통분모가 보인다. 그럼 그 중심 내용들을 토대로 나의 기준이 잡히기 시작한다. 그러다 보면 이제는 조금 더 다양한 시각에서 그 기준을 바라보고 싶은 마음이 들고, 어느새 실용서를 넘어서 인간과 세상에 대한 또 다른 인사이트를 주는 문학이나 철학 책도 읽고 싶어진다. 그렇게 자연스럽게 독서의 스펙트럼이 넓어진다.

많은 분들이 책을 읽어도 당장 눈앞에 보이는 변화가 없다는 것을 걱정한다. 《내 인생을 바꾼 한 권의 책》이라는 책의 제목처럼, 한 권의 책이 내 삶을 뒤흔들 만큼 아주 큰 영향을 주는 경우가 있다. 하지만 사실 그런 경우는 이미 내 마음속에 내재되어 있는 어떤 부분을 그 책이 건드려주었을 뿐이다. 단 한 권의 책이 나를 힘껏 바꿔 버린 게 아니라 내 안의 무언가를 꺼낼 수 있는 마지막 도끼질이 되어 준 것이다.

그러니 우리도 어느 시점에 한 권의 책이 나를 폭발시킬 수 있도록, 지속적인 독서로 내 안의 잠재된 가능성을 계속 두드려야 한다. 그러려면 시간이 필요하다. 그 시간은 각자가 축적해온 지식이나 경험 또는 절박함에 따라 달라진다.

하지만 여유를 가지고 즐겁게 독서하는 과정을 누리다 보면 이 작은 노력들이 모여 어느 순간 부자가 되어 있는 나 자신을 만날 수 있을 것이다.

그동안 내가 수많은 경제 관련서를 읽으면서 재테크에 관심 있는 사람들에게 추천하고 싶었던 책들은 다음과 같다.

먼저 '경제 기본서'로 다음 네 권을 추천하고 싶다. EBS 자본주의 제작팀이 쓴 《EBS 다큐프라임 자본주의》는 우리가 살고 있는 자본주의의 구조에 대해 누구나 이해하기 쉽게 쓴 책이다. 그리고 고야마 카리코가 그림으로 그린 《만화로 읽는 피케티의 21세기 자본》은 프랑스 파리경제대학 경제학 교수 토마 피케티가 쓴《21세기 자본》의 만화 버전이다.《21세기 자본》이 꼭 읽어야 하는 책임에도 불구하고 두껍고 어려워서 포기하는 사람들에게 만화 버전의 책을 먼저 읽는 것을 추천한다. 로버트 기요사키가 쓴《부자 아빠 가난한 아빠》는 돈에 대한 전반적인 상식을 잘 다루고 있는 제테크 분야 고전으로 손꼽히며, 우제용이 쓴《복리》는 돈의 속성에 대한 기본 원리를 잘 다루고 있는 책이다.

'부자가 되는 힘의 원천(생각)을 알 수 있는 책'으로는 김상운 저자의《왓칭》과 이서윤, 홍주연이 쓴《더 해빙》을 추천한다.《왓칭》은 생각의 속성을 잘 다루었으며,《더 해빙》은 부자들의 마인드를 쉽게 이해할 수 있는 책이다.

'부자들의 사고방식을 배울 수 있는 책'으로는 다음 네 권의 책을 권하고 싶다. 레이 달리오의《원칙》을 통해서 인생, 경영, 투자에 대한 깊이 있는 철학을 배울 수 있으며, 김승호 저자의《돈의 속성》은 부자가 가진 돈에 대한 태도를 현명하게 가르쳐준다. 엠제이 드마코가 쓴《부의 추월차선》은 부자가 되기 위해서 간과해서는 안 되는 사고방식을 잘 소개하고 있으며, 보도 섀퍼가 쓴《열두 살에 부자가 된 키라》에서는 돈을 다루는 기초적인 방법을 배울 수 있다.

투자 관련서 중 '부동산 투자 추천서'로 김학렬(빠숑) 저자가 쓴《이제부터는 오를 곳만 오른다》는 어느 지역에 어떤 부동산을 투자하면 좋을지에 대한 안목을 키울 수 있게 도와주는 책이다. 그리고 김원철의 《부동산 투자의 정석》은 부동산 투자의 원리에 대해 알 수 있는 입문서로 추천한다.

'주식 투자 추천서'로는 김진명의 《카지노》를 추천하는데 주식과는 무관한 소설책이지만, 주식을 카지노 게임에 빗대어 읽어보면 크게 도움이 되는 책이다. 마지막으로 추천하는 하워드 막스의 《투자에 대한 생각》은 주식 투자 시 가져야 하는 중요한 원칙을 배울 수 있는 책이다.

경제 신문 읽기,
경제학자가 목표는 아니잖아!

경제 신문, 세상의 흐름을 보는 수단으로 최고!

나는 여러분이 경제 신문을 보는 것에 커다란 강박을 가지지 않았으면 좋겠다. 경제 신문을 볼 필요가 없다는 것이 아니라 의무감을 가지지 말라는 것이다.

흔히 재테크 공부를 할 때 필수적으로 경제 신문을 구독하는 것부터 시작하는 경우가 많다. 하지만 공부 초기에 경제 신문에 접근하는 것이 부담스럽게 느껴진다면, 장기적으로는 경제 신문과의 단절이 일어나고 결국 공부 자체를 포기하게 된다.

종종 1~2년이 흐른 후에 수강생분들을 다시 만나는 경우가 있는데, 대부분 1~2년 전과 크게 달라진 것이 없었다. 사는 데 여유가 없었기 때문이겠지만, 바쁜 삶을 여유롭게 만들기 위해 돈 공부를 하는 것이 아니었던가? 결국 스스로의 내적 동기나 흥미가 없으면 어떤 것도 지속 가능하지 않다는 사실을 새삼스레 깨닫게 된다.

우리의 목표는 경제 시험을 보는 것도, 경제학자가 되는 것도 아니다. 그러니 처음에는 가벼운 마음으로 세상이 돌아가는 흐름을 보고 경제 상식을 조금 늘려보겠다는 정도로 마음 편하게 접근하면 된다.

재테크 정보를 얻으려고 경제 신문을 구독한다는 분들도 있는데, 사실 만천하에 공개된 정보는 이미 정보로서의 가치를 상실했다고 볼 수 있다. 실제로 도움이 되는 정보가 존재한다고 해도 그것이 유용한 정보임을 알아볼 수 있는 안목이 없으면 그 정보는 무의미하다.

물론 경제 신문을 구독하는 것은 의미가 있다. 우선 경제 흐름에 대해 공부할 수 있고, 경제 기사를 통해 재테크에 도움이 되는 진짜 정보와 악영향을 끼치는 가짜 정보를 점차 분별할 수 있게 된다.

즉, 무비판적으로 경제 기사를 보는 것이 아니라, 그 이면을 생각해볼 수 있는 실력을 갖게 된다는 점에서 경제 신문 읽기의 진가를 찾을 수 있다. 따라서 당장 어떤 성과를 얻어내겠다는 생각을 내려놓고, 현재의 세상 흐름을 살펴보며 세상이 왜 이렇게 돌아가게 되었는지, 앞으로는 어떤 변화가 있을 것 같은지 스스로 사색해보는 시간을 가져보자.

당장에 어떤 성과를 바라면 조바심 때문에 공부가 힘들어진다. 하지만 비타민을 복용하듯 장기적으로 더 건강한 결과를 얻기 위해 추가적인 노력을 기울인다고 생각하면 공부를 지속하는 것이 어렵지 않다. 비타민을 복용하지 않아도 생명에는 문제가 없다. 하지만 비타민을 통해 건강이 긍정적으로 변화되는 것을 몸소 느낀 사람들은 스스로 그것을 계속 찾게 되는 이치와 같다.

습관이 될 때까지 3개월간 계속하라

책도 읽다 보면 자연스럽게 다른 분야의 책이 읽고 싶어지듯이, 경제 신문도 처음에는 나에게 흥미로운 헤드라인 한두 개만 골라 읽기 시작하면 된다. 읽다가 모르는 용어가 나오면 뜻을 찾아 기록하고, 그렇게 아는 것의 범위를 차츰 늘려가다 보면 어느 순간 재미가 붙는다.

누구나 익숙하지 않은 과제에 도전할 때 처음에는 어렵고 힘이 든다고 느낀다. 하지만 내가 할 수 있는 만큼만이라도 정해놓고 일정 기간을 버티면 지속성이 생긴다.

다이어트를 해본 사람들은 공감하겠지만 갑자기 야식을 끊고 매일 운동하면 밤마다 근육통과 배고픔에 잠 못 이루는 날들을 보내게 된다. 그런데 그 어려움을 딱 일주일만 견디면 누군가 늦저녁에 맛있는 음식을 가져다 눈앞에 내밀어도 유혹에 넘어가지 않을 것이다.

내가 견딘 일주일 동안 이미 가벼워진 몸을 스스로 느꼈기 때문이다. 그래서 그 상태를 유지하고 싶어진다. 살이 빠지는 재미를 알게 된 것이다.

처음부터 매일 한 시간씩 경제 신문을 본다든지, 매일 열 개의 기사를 정독한다든지 하는 무리한 목표를 세우면 초반 일주일을 버티기가 어렵다. 초기에 버틸 힘이 있어야 추후 지속성을 가질 수 있다. 내가 흥미를 가질 수 있는 정도로 경제 비타민을 복용한다고 생각하면서 경제 신문에 접근하길 바란다.

모든 것은 지속 가능할 때 그 가치가 유효하다. 그렇게 3개월 정도 계속하면 습관이 되고, 그것이 삶의 루틴으로 자리 잡을 수 있다.

재테크에 도움이 되는 경제 신문 읽는 법

요즘은 온라인에서 클릭만으로도 모든 기사를 볼 수 있는 시대이다. 하지만 경제 신문을 읽기로 마음먹었다면 돈이 들더라도 유료 신문을 구독하기를 권장한다. 그 이유는 온라인 기사 업로드 사이클 때문이다.

온라인 기사의 업로드 사이클을 살펴보면, 우선 어떤 사건이 생기면 구체적인 내용 없이 제목만으로 먼저 속보를 띄운다. 왜냐하면 기자들도 그 사건에 대해 상세한 파악이 되지 않은 상태이기 때문이다.

온라인 기사는 클릭 수에 따라 성과가 나뉜다. 이 때문에 클릭을 유도하기 위해 사건의 큰 개요만 우선 업로드하고, 후에 내용을 추가하거나 수정한다. 실제로 온라인 기사를 보면 상단에 입력 날짜가 있고 그 옆에 수정 날짜가 함께 적히는데, 수정 시간이 계속 변하는 것을 볼 수 있다. 반면 유료 신문에는 사건에 대한 근거를 기반으로 최종 정리된 기사가 실려 있어 정확한 판단을 돕는다.

우리가 경제 신문을 읽는 첫 번째 이유는 어떠한 사건이나 흐름에 대한 '사실(fact)' 관계를 알기 위해서이다. 사설이나 칼럼과 같이 기자의 의견을 다루는 기사들도 있지만, 우리가 신문을 통해 가장 기본적으로 해야 하는 일은 사건에 대한 사실을 파악하는 것이다.

하루에도 수백 가지의 사건들이 생겨나기 때문에, 경제 신문 초보자라면 기사 1면을 보는 것부터 시작하면 된다. 신문 첫 장에 나오는 기사가 그 시점에 일어난 가장 중요한 사건이기 때문이다. 그렇게 매일 1면만 읽어도 세상이 돌아가는 흐름을 대략적으로 파악할 수 있다.

1면을 읽는 것이 습관이 되고 조금 여유가 생기면, 신문 뒤쪽에 그와 관련된 내용을 조금 더 풀어놓은 기사('관련 기사 A3면' 등)를 읽는다. 그럼 조금 더 종합적인 내용을 알 수 있고 사건을 파악하는 시각이 넓어지게 된다.

"아는 만큼 보인다"라는 말처럼, 아무것도 모르는 상태에서는 흥미가 생기지 않는다. 처음부터 욕심 부리지 말고 단 1면이라도 꾸준히 읽으면, '아는 것'의 범위가 차츰 넓어지면서 경제 흐름에 관한 흥미도 함께 확장된다.

행간에 숨겨진 의도를 파악하라

경제 흐름을 파악하기 위해 주요 기사의 내용을 읽는 것이 첫 번째 할 일이었다면, 그것을 통해 경제 신문을 읽는 진짜 목적을 달성해야 한다. 우리가 공부를 하는 이유는 그 공부를 통해서 실질적인 성과를 얻는 것이기 때문이다.

물론 어떤 공부든 그 공부가 당장의 성과를 가져다주지는 않는다. 단순히 며칠 경제 신문을 공부했다고 해서 당장 돈이 되는 정보를 알게 되는 것은 아니다. 그러나 기사의 행간에 숨겨진 의도를 파악할 수 있다면, 기사들의 흐름을 통해 내 기준에서 활용 가능한 정보를 분별할 수 있다. 점차적으로 통찰력을 키울 수 있게 되는 것이다.

신문 기사도 결국 사람이 쓰는 것이므로 쓰는 사람의 시각에 따라 내용이 다르게 전개될 가능성이 있다. 또한 기업 등에서 재정적 지원을 받고 기사를 쓰는 경우도 많기 때문에 정보성 기사 내용을 무조건 '사실'이라고 판단해서는 안 된다.

예를 들어, 2020년 9월에 반복적으로 나오던 기사 중 하나가 신용대출이 기하급수적으로 늘어난다는 내용이었다. 2020년 8월에 은행과 제2금융권에서 신용대출을 포함한 기타 대출이 7조

7,000억 원이나 증가하면서 사상 최대 폭을 기록했는데, 그로부터 한 달 뒤인 〈매일경제〉 9월 14일자 기사에서는 신용대출만 열흘 새 추가적으로 1조 원 이상이 불어났다고 했다. 그 여파로 은행과 증권사들이 대출 자금 부족 상태에 이르러 신용 융자 거래를 중단해야만 하는 경우까지 생겼다고 한다.

개인이 재테크를 하는 보편적인 방법은 은행에 저축을 하거나 주식, 또는 부동산에 투자하는 것이다. 하지만 저금리와 정부의 부동산 강력 규제 때문에 현시점에서 유일한 투자처는 주식 시장밖에 없다는 생각이 팽배하게 되었다. 따라서 많은 돈이 주식 시장으로 쏠렸다.

〈매일경제〉 2020년 9월 18일 기사에 따르면, 개인투자자들이 올해 국내외 주식 및 주식 매수를 위한 대기 자금 등에 투입한 금액이 100조 원에 달한다고 한다. 더 이상 투자할 곳이 없다는 심리적 불안 때문에 리스크를 감안하고서라도 가진 자산은 물론 대출까지 받아서 유일한 투자 시장인 주식 시장에 돈을 쏟아 부은 것이다. 즉, 빚으로 투자하는 '빚투'를 위해 신용대출을 받는 경우가 늘어나게 된 것이다.

8월에 신용대출이 대거 증가했을 때, 그 돈에는 카카오게임즈 일반투자자 공모주 청약 증거금 수요가 상당 부분 포함되었다.

주식 시장에 많은 돈이 투입되면서 9월에는 코스피(KOSPI)가 주요국 증시 가운데 가장 높은 성장률을 기록했다. 주식 시장이 활발해지자, 주식과 연동되는 IRP(individual retirement pension, 개인형 퇴직연금)와 같은 상품들의 수익률이 높아지고 있다는 기사가 잇따라 나왔다.

여기서 사실(fact)은 주식 시장이 활황이라는 것, 주식과 연관된 상품들도 덩달아 높은 수익률을 기록하고 있다는 것이다. 그럼 '나도 더 늦기 전에 주식 투자를 해야겠다' 또는 '기사에 나온 특정 상품에 가입해야겠다'라고 생각할 수 있다.

그러나 기사들의 흐름을 살펴봤을 때, 주식 시장에 투입된 돈에는 '빚'이 대거 포함되어 있고, 일시적으로 큰돈이 몰린 것이라는 이면의 사실을 함께 읽을 수 있어야 한다. 표면적인 내용에 휩쓸릴 것이 아니라, 전체적으로 상황을 살펴보고 그 안에서 내가 움직일 수 있는 방향을 잡아가는 것이다.

이렇게 경제 신문 읽기를 통해 세상의 큰 흐름 속에서 '사실'과 '의견'을 종합하여 자신의 생각을 정리해보는 연습을 꾸준히 해보자. 당장 어떠한 정보를 얻겠다는 조급한 마음을 내려놓고 비타민을 복용하듯 경제 신문을 읽자. 하루하루 쌓인 통찰력은 향후 내가 원하는 투자를 해나가는 데에 있어서, 나아가 삶에서 무언가를 선택해나갈 때마다 커다란 지원군이 되어 줄 것이다.

돈을 움직이는 주체,
사람에 대해 공부하라

카지노 경험에서 배운 것

2년 전 카지노에 다녀온 적이 있다. 과거 해외여행 시 구경하러 들어가 본 적은 있지만, 게임을 목적으로 간 것은 처음이었다. 가기 전 카지노 관련 도서들도 읽으면서 나름 철저하게 준비했다. 하지만 어디까지나 '경험'을 위한 방문이었으므로 일정 금액을 잃으면 그곳을 나오기로 스스로와 약속했다.

내가 정한 금액은 10만 원이었다. 놀이공원에 놀러 가도 입장료, 교통비, 식사비로 그 정도는 쓰니까, 설령 10만 원을 몽땅 잃어도 오늘 하루 놀러 온 비용이라고 생각하기로 했다.

1,000원부터 베팅을 시작했다. 소액으로 베팅하니 돈을 따든 잃든 심적 동요가 크게 일어나지는 않았다. 그래서인지 돈을 따는

데에도 큰 무리가 없었다.

어느새 게임의 룰을 파악했고, 판돈을 올려도 되겠다는 생각이 들었다. 계속 돈은 따는데 겨우 몇 천 원 정도씩이니 재미가 없어 과감하게 베팅 금액을 만 원대로 올렸다. 그 순간 거짓말처럼 지금까지 조금씩 모아왔던 돈이 한 번에 날아갔다. 이기고 지고를 반복하며 오랜 시간에 걸쳐 이루어낸 수익이었는데……. 너무나 억울했다.

다시 1,000원씩 베팅하면 초기에 이루었던 수익만큼은 낼 수 있을 것 같았지만, 그러려면 시간이 오래 걸릴 테니 판돈을 낮추기가 싫었다. 이후로 10만 원이 또 순식간에 사라졌다. 10만 원을 잃으면 자리에서 미련없이 일어나기로 했던 스스로와의 약속은 온데간데없었다. 그렇게 20만 원, 30만 원, 결국 50만 원까지 잃었다. 10만 원만 잃었으면 집에 갈 수 있었는데 50만 원이 되니 정말로 갈 수가 없었다.

이처럼 사람은 스스로 객관성을 지키기가 어렵다. 사람은 계산기가 아니기 때문이다. 돈은 숫자이니 계산대로 움직이지만, 그 돈을 움직이는 주체는 사람이다. 사람은 외부 환경의 영향을 쉽게 받는다. 특히, 불안과 공포, 시기, 또는 탐욕 앞에서 약하다.

카지노에 처음 들어설 때만 해도 나는 다를 줄 알았다. 애초에 도박이 아닌 경험을 하러 일부러 간 것이고, 잃어도 되는 만큼의 금액까지 설정해놓았으니까 말이다. 그러나 나는 본성을 거스를 수 없는 한낱 나약한 인간일 뿐이었다.

부자가 되려면 인간에 대한 공부가 꼭 필요하다

돈을 잘 버는 사람들은 이 '두려움'과 '불안'이라는 감정을 이용하거나 극복한 사람들이다. 이 감정을 '이용'한 사람들은 대개 개인이라기보다 보험사와 같은 특정 기업인 경우가 많고, '극복'한 사람들은 소위 말하는 성공한 사람들이다.

결국 우리가 돈을 움직이는 주체가 되기 위해서는 돈 자체에 대한 공부는 물론이고 '사람'에 대한 공부 역시 필요하다. 사람에 대한 공부는 인문학과 심리학 등 그 분야가 다양하다. 무엇보다 가장 기반이 되어야 하는 것은 인간의 본성을 있는 그대로 인정하고 이해하는 일이다.

우리가 자신의 감정을 있는 그대로 인정하지 못하면 그 감정에 휩싸여 다른 것을 볼 수 있는 시야가 좁아진다. 감정적인 동물이기도 한 인간은 불안과 공포, 시기, 탐욕 앞에서 예민하게 반응하는 존재이다. 우리가 아무리 돈 공부를 열심히 해도 사람의 심리를 꿰뚫는 자들 앞에서는 먹잇감이 되기 쉬운 이유이다.

2002년 노벨경제학상을 받은 심리학자이자 경제학자인 다니엘 카너먼(Daniel Kahneman)은 심리학과 경제 실험을 통해 경제 주체가 꼭 합리적으로 의사결정을 하는 것은 아니라는 '준합리적 경제이론(quasi-rational economic theory)'을 수립했다.

오늘날의 경제학은 빈틈없이 완벽한 사람들의 합리적 손익 계산보다는 감정의 비중을 중시하는 방향으로 변화하고 있다. '계산'에서 '감정'으로의 전환이 일어나고 있는 것이다. 애초에 인간의 판단이 합리적이라는 믿음의 오류를 밝혀낸 것이기도 하다.

이와 관련하여 도모노 노리오의 《행동경제학》이라는 책에서는 여러 가지 흥미로운 예시들을 보여준다. 그 중 몇 가지를 살펴보면, 첫째로 미국인들에게 자살과 타살 중 어느 쪽이 많은지를 물으면 타살이라고 대답한다고 한다. 실제 1983년 미국에서는 자살 2만 7,300건, 타살 2만 400건으로 자살이 더 많지만, 매스컴을 통해 타살을 더 많이 접하기 때문에 자살이 더 많을 것이라고 생각하지 못하는 것이다. 이처럼 사람들은 자신이 더 많이 접하는 것을 편향적으로 판단한다.

둘째로, A라는 사람은 연봉이 2,000만 원에서 3,000만 원으로 늘어났고, B라는 사람은 연봉이 6,000만 원에서 4,000만 원으로 줄어들었을 때 둘 중 누가 더 행복하냐고 물으면 당연히 A라고 대답한다. 기존 주류 경제학의 기준으로 보면 연봉의 절댓값이 A는 3,000만 원, B는 4,000만 원이므로 더 많은 돈을 버는 B가 더 행복해야 한다. 하지만 사람은 처음에 가지고 있던 기준점을 기반으로 변화에 반응하기 때문에, 본래의 기준점에서 2,000만 원 손실이 난 B보다 1,000만 원 이익이 난 A가 더 행복하다고 생각하는 것이다.

마지막으로, 암 환자에게 수술을 한 환자 중 90%가 완치되었다고 이야기하면 수술을 선택하지만, 10%가 사망했다고 하면 수술을 기피한다고 한다.

이처럼 사람들은 실제적인 '절댓값'이나 '계산상의 결과'로 움직이지 않는다는 것을 인지해야 한다. 이런 비합리적인 마음이 인간의 행동을 결정하고, 인간의 행동이 우리의 경제를 움직인다. 결과적으로 경제는 사람들의 마음(mind)으로 움직여지는 것이다.

이렇게 사람의 마음을 이해하고 경제를 바라보기 시작하면, 손익 계산을 해야 하는 상황에 맞닥뜨렸을 때 합리적으로 계산해볼 수 있는 여유가 생긴다. 우리가 재테크에 실패하는 주된 이유 중 하나는 사람에 대한 이해가 없었기 때문이다. 돈은 돈을 사용하는 사람들에 의해 움직인다는 것을 꼭 기억하자.

인문학 공부를 해야 하는 이유

세계 최고 부자인 빌 게이츠는 두려운 것이 있을까? 넷플릭스(Netflix)에서 제작한 〈인사이드 빌 게이츠(Inside Bill's Brain)〉라는 다큐멘터리에서, 제작진이 빌 게이츠에게 "무엇이 가장 두려운지" 물었더니 그는 "두뇌가 멈추는 것"이라고 대답했다.

그는 어릴 때부터 1년에 300권가량의 책을 읽었고, 여전히 독서광으로 잘 알려져 있다. 그는 "인문학이 없었다면 나도 없고 컴퓨터도 없었을 것이다"라고 말했는데, 독서와 사색을 통한 인문학 공부가 현재의 자신을 만들었다고 생각했다. 그는 90년대부터 1년에 두 차례 '생각 주간(think week)'을 보낸다. 일상에서는 온전히 사색하고 사고할 수 있는 시간이 없기 때문에 인적이 없는 외딴 곳으로 들어가 2주 동안 여러 권의 책을 읽고 생각에 몰입하는 시간을 가진다.

스티브 잡스 역시 인문학을 중요시하는 사람이었다. 그는 애플을 '인문학과 기술의 결합'이라고 표현했다. 또한 그는 "소크라테스와 한나절을 보낼 수 있다면 애플이 가진 모든 기술을 그 시간과 바꾸겠다"라며 인문학적 사유의 기회를 갈구했다.

세계 최고의 부자들은 왜 그토록 인문학을 강조하는 걸까? 인문학의 사전적 정의는 언어, 문학, 역사, 철학 따위를 연구하는 학문이라고 나와 있다. 그 근간은 결국 '인간에 대한 이해'이다. 언어와 문학도 사람이 사용하는 것이고, 역사와 철학도 사람이 만들어가는 것이기 때문이다. 인류가 사고하고, 선택하고, 변화해온 과정에 대해 관찰하고, 그 이해를 토대로 현재 나의 상황에 결합시켜 새로운 것을 창조해나가는 것이 인문학적 삶이다.

《짐 로저스의 스트리트 스마트》라는 책의 저자이자 세계적인 투자가, 로저스홀딩스의 회장인 짐 로저스(Jim Rogers)도 인문학의 중요성을 끊임없이 외친다. 그는 예일대학교에서 역사학을, 옥스퍼드대학교에서 철학과 정치경제학을 전공했다. 그는 통념에서 벗어나 남다르게 사고하고 예측하려면 공부하고, 고민하고, 직접 부딪치며 시도해야 한다고 말한다.

부자가 되기 위해 인문학 공부를 해야 한다고 생각하면 너무 광범위하게 느껴질 수 있다. 처음부터 역사, 문학, 철학 등을 공부하려니 엄두가 나지 않는 것이다. 하지만 워런 버핏이 이런 이야기를 했다. "아무리 재능이 뛰어나고 많이 노력한다고 해도 결과를 얻기까지는 어느 정도의 시간이 걸린다. 아홉 명의 여자를 임신시켰다고 해서 한 달 만에 아이를 얻을 수는 없는 노릇이다"라고 말이다.

조급하게 생각하지 말자. 인생은 결코 짧지 않다. 지금 이 순간 즐겁게 공부하며 내가 할 수 있는 것에 집중하다 보면, 어느 순간 부자의 궤도에 올라 있는 자신을 발견할 수 있을 것이다.

30대 초반 사회 초년생의
내 집 마련 재테크 리모델링

내 집을 마련하고 싶어요!

30대 초반 싱글 남성 공무원 이우석 씨의 사례를 살펴보겠다.

이우석 씨는 입사 4년 차의 경찰 공무원이다. 그는 재테크에 별다른 관심이 없었는데, 우연히 친구를 따라 재테크 강의를 들은 뒤 '내 집 마련'의 필요성을 절감하게 되었고, 어떻게 하면 집을 마련할 수 있을지 고민하기 시작했다.

이우석 씨는 재정 관리 영역에 무지하여 굳이 무엇을 하려고 한 적 없이 그냥 적금만 들었다고 했다.

이우석 씨에게 어떤 삶을 살기 원하느냐고 물어보니, 직업이 공무원이라 비교적 안정적이기 때문에 꾸준히 이 일을 하고 싶다고 했다. 그래서 특정한 투자를 하기보다는 '내 집 마련'을 우선하는

30대 싱글 남성 이우석 씨의 자산 현황

자 산		부 채	
거주용 빌라(전세)	90,000,000원	전세자금 대출	56,000,000원
공제회	19,200,000원		
적금	38,400,000원		
자산 합	147,600,000원	부채 합	56,000,000원
총자산		91,600,000원	

30대 싱글 남성 이우석 씨의 가계부

수 입		지 출	
		고정지출	
		보험료	390,000원
		대출 이자	130,000원
		관리비	300,000원
		통신비	50,000원
		고정지출 합	870,000원
근로소득	2,600,000원	변동지출	
		생활비	500,000원
		변동지출 합	500,000원
		자산지출	
		공제회	400,000원
		적금	800,000원
		자산지출 합	1,200,000원
수입 합	2,600,000원	지출 합	2,570,000원

쪽으로 결론을 내렸다.

여유자금을 찾아 자산지출을 증가시키다

이우석 씨의 가계부를 보면 특별히 마이너스를 내는 구조는 없었다. 자산지출에 있는 적금이 특별한 수익을 주지는 않는다. 하지만 향후 거주용 부동산 투자를 위한 종잣돈 마련이 목적이므로 전혀 문제가 되지 않는다.

공제회는 공무원의 복지 후생을 책임지는 기관으로, 공무원이 저축할 수 있는 은행이라고 보면 된다. 자산지출 중 공제회에 들어가는 40만 원은 월급에서 자동으로 빠져나가는 돈이다. 원금 손실 없이 이자를 주는 적금과 같은 형태이므로 이 역시 자산 관리 측면에 문제가 없다.

다만, 고정지출 중 1인 보험료로 39만 원을 내는 것은 조금 과하게 보였다. 보험을 많이 든 이유를 물어보니 그냥 부모님이 많이 들어놓았던 것을 넘겨받고 신경 쓰지 않았다고 했다. 그래서 보험료 납입 금액을 39만 원에서 19만 원으로 변경하여 20만 원의 여윳돈을 마련했다.

세 건의 보험 중 두 건을 해약하고, 나머지 하나의 보험을 〈표 2-8〉을 기준으로 정리했다. 실손의료보험, 사망보험금 1억, 3대 질환(암, 뇌, 심장 질환) 진단금 각 3,000만 원(집안 병력이 우려되어 진단금을 조금 높게 잡았다), 상해(후유장해) 진단금 1억에 해당하는 항목만 남기고 나머지 부분을 삭제했더니, 월 19만 원으로 충분했다.

고정지출 비용으로는 전세자금 대출 이자 13만 원, 빌라 관리비 30만 원, 휴대폰 요금 5만 원을 사용하고 있다. 변동지출로는 식료품과 생필품, 외식비로 총 50만 원을 사용하고 있었다.

이우석 씨는 현재 약 9,000만 원의 자산(전세자금)이 있고, 공제회(40만 원)와 적금(80만 원)을 통해 매해 약 1,440만 원의 종잣돈이 증가하게 된다. 따라서 앞으로 살 집을 알아보기 시작하면(원하는 집의 가격에 따라 시기는 달라지겠지만), 대출을 활용한 내 집 마련이 가능하다.

종잣돈 마련 단계에서 돈 모으는 속도를 높이기 위해 그 돈을 주식이나 펀드에 넣으면, 마이너스의 위험성 때문에 속도가 훨씬 더 늦어지는 경우가 많다. 하지만 이 씨의 경우, 보험료로 절감한 20만 원은 주식에 투자하기로 했다.

현재의 가계 상태에 마이너스 구조가 없고, 여윳돈으로 금융 투자를 경험하는 것은 경제 공부 측면에서 장기적으로 플러스가 되어 줄 수 있기 때문이다.

내가 이야기하고자 하는 재테크의 방향성이 보이는가? 무엇을 사야 하는지는 후순위이다. 나의 자산이 현재 어떤 상태이고, 내가 무엇을 원하는지에 따라 내가 선택해야 하는 투자 역시 달라진다. 삶에 정답이 없듯이 재테크 역시 정해진 방법이 없다.

4장

부자들은
나와 태생이 다를까?

누구나 부자가 될 완벽한 조건을 갖췄다

'오늘 저녁에는 떡볶이를 먹어야지!'라고 생각하면 어떤 일이 일어날까? 특별한 일이 없는 이상 저녁에 떡볶이를 먹으러 간다. 혹시 저녁에 다른 일이 생겨서 먹지 못하게 되더라도 그 다음날 또는 주말에라도 반드시 먹는다. 시간차는 있지만 떡볶이를 먹고 싶다는 생각이 내 삶에 현실로 나타난다. 즉, 내가 떡볶이를 생각한 그 순간부터 떡볶이는 이미 내 삶에 존재하는 것이나 다름없다. 모든 것은 생각으로부터 창조되기 때문이다.

이 무슨 당연한 이야기냐고? 세상에는 너무나 당연한 나머지 놓치고 있는 진실들이 많다. 모든 것은 '생각'으로부터 시작한다는 것. 이것이 삶의 기본 전제이다.

한국 부자 순위 top 10에는 이재용(삼성)이나 정몽구(현대) 같은 소위 '금수저'들이 랭크되어 있다. 그러나 순위 내 열 명의 사람들 중에 금수저 비율은 50%이다. 나머지 50%는 자수성가로 부를 일군 사람들이다. 현재 대기업의 총수를 맡고 있는 사람들도 그들의 부모나 조부모는 자수성가로 그 기업을 일구어냈다.

아무것도 없는 완벽한 처음은 천지창조밖에 없다. 금수저를 물고 태어난 부자라고 해도 그 부의 역사를 거슬러 올라가면 결국 '시작'이 있다. 부를 일군 '첫' 사람이 원래부터 부자로 태어난 것은 아니라는 것이다.

2018년 〈포브스(Forbes)〉 선정 한국 부자 7위에 오른 권혁빈 대표의 '스마일게이트'는 2002년 설립된 게임 회사이다. 4조 6,000억 원의 순자산을 이루어낸 그는 우리와 동시대를 살면서 자수성가를 이룬 사람이다.

이렇듯 부자의 처음은 우리와 같다. 태생을 원망하기에는 우리와 비슷한 환경, 또는 더 어려운 환경에서 시작하여 부자가 된 사람들이 많다. 이 말은 곧 우리 역시 부자가 될 수 있는 완벽한 조건을 갖췄다는 말이다.

모든 것은 생각으로부터 출발한다

부자가 된 사람들이 가장 처음 한 것은 무엇이었을까? '부자가 되고 싶다'고 '생각'한 것이다. 떡볶이를 먹어야겠다고 생각해야 떡볶이를 먹게 되듯, 부자가 되어야겠다고 생각한 사람이 부자가 되는 것은 당연한 이치이다.

많은 사람들이 부자가 되기를 꿈꾼다. 하지만 이면에는 '과연 내가 부자가 될 수 있을까'하는 의심을 품고 살아간다. '부자가 되고 싶다'라고 바라는 동시에 '부자가 될 수 없다'라고 체념하는 것이다. 이렇게 반대 방향의 두 가지 생각은 서로의 생각을 상쇄시킨다. 플러스와 마이너스가 동시에 존재하면 어떻게 될까? 결괏값은 0이다. 오랜 시간 동안 자신이 부자가 되길 원한다고 생각했지만 여전히 자신의 삶에 아무런 변화가 없다면 서로 다른 생각이 양립했기 때문이다.

쉐드 햄스테터라는 미국의 한 심리학자의 조사 결과에 따르면, 사람은 하루에 약 6만 가지의 생각을 한다고 한다. 우리가 그 수많은 생각을 의지로 제어하기는 어렵다. 좋은 생각만 하고 있다고 믿고 싶지만, 내가 인지하지 못하는 사이 더 많은 부정적인 생각들이 내 안에 흐르고 있다.

지금 나의 모습은 그동안 내가 해왔던 생각이 현실로 나타난 상태이다. 현재의 모습이 만족스럽지 않다면 내가 하고 있는 생각을 관리해야 한다. 부자들은 결국 생각 관리를 잘한 사람들이기 때문이다.

더 중요한 것을 놓치고 있다

우리는 부자가 되는 방법을 찾길 원한다. 그 열망에 답하기라도 하듯 시중에 수많은 재테크 방법론들이 쏟아져 나온다. 물론 그중에는 중요한 것들이 많다. 하지만 세부적인 방법에 몰두하느라 더 중요한 것을 놓치고 있지는 않은지 생각해볼 필요가 있다.

우리는 늘 부자가 되고 싶다며 정신없이 비결을 찾아다닌다. 진짜 부자는 무언가를 찾은 사람이 아니다. 볼 수 있었을 뿐이다. 그들은 무엇을 보았던 것일까? 그들은 '돈' 자체가 아닌 부자가 되어야 하는 이유, 즉 '소망'을 보았던 것이다.

수많은 재테크 방법들이 우리를 부자로 만들어 줄 수 있었다면 세상에 돈 때문에 허덕이는 사람이 없었어야 한다. 인터넷만 검색해봐도 수십만 가지의 재테크 노하우가 나와 있기 때문이다.

부자가 되는 방법은 찾는 것이 아니라 찾아지는 것이다. 찾아지려면 어떻게 해야 할까? 먼저 소망해야 한다. 소망하면 내가 소망하는 실체를 볼 수 있다. 우리는 우리 자신의 소망을 보지 않는다. 대신 다른 이의 소망을 좇는다. 타인들이 소망하는 것을 따라 이루려고 노력할 뿐이다.

우리는 부자가 되는 방법에 대해 배운 적이 없어서 모른다고 말한다. 그러나 내가 원하는 대상은 배워서 알 수 있는 게 아니다. 자연스럽게 알아지는 것, 찾아지는 것이다. 우리가 가장 먼저 배워야 하는 것은 어쩌면 '방법'이 아니고 '알아차리는 것'일 수도 있다. 먼저 알아차려야 그에 맞는 방법을 배울 수 있기 때문이다.

소망해야 얻을 수 있는 것

빚더미에 올라앉았던 사람들이 부자가 되는 경우가 많다. 이유가 뭘까? 돈을 간절히 소망했기 때문이다. 돈을 간절히 소망하는 데에는 그 돈을 원하는 이유가 숨어 있기 마련이다.

이게 무슨 말일까? 표면적인 것(돈)에 머무르지 말고 한 차원 더 나아가보자. 빚더미에 올라 있는 사람들은 빚을 없애길 원한다. 돈에 쫓기지 않는 삶을 갈구한다. 즉, 돈을 도구 삼아 현재 처해 있는 삶의 여건을 바꾸고 싶은 강렬한 소망이 있다는 이야기이다.

이 책을 통해 확실히 깨달아야 할 점은 돈은 그저 수단이자 도구라는 것이다. 돈 그 자체가 결코 인생의 목적이 될 수는 없다. 우리는 가지고 싶거나 이루고 싶은 무언가가 있기 때문에 돈을 원한다는 사실을 잊지 말아야 한다.

흔히 부자들 중에 "좋아하는 것을 하다 보니 돈은 자연스레 따라왔어요"라고 말하는 사람들이 있다. 하고 싶은 것을 했을 뿐인데 부자가 된다면 이보다 더 좋을 수는 없다. 하지만 본인이 무엇을 좋아하는지 아직 깨닫지 못한 사람들이 많다. 또한 지금 당장 먹고 살아야 하는 각박한 현실 속에서 내가 좋아하는 것은 돈이 되지 않아 포기해야 하는 경우도 있다. 그래서 좋아하는 걸 하다 보니 부자가 되었다는 이야기는 비현실적으로 들릴 수도 있다.

하지만 복잡하게 생각할 필요는 없다. 그렇게 말하는 부자들도 좋아하는 것을 지속하고 싶다는 소망을 따랐을 뿐이다. 우리가 소망해야 하는 것이 당장 내가 좋아하는 어떤 실체일 필요는 없다.

자신의 현재 상황을 바꾸길 원하는 것 역시 소망이다.

흙수저든 금수저든 모두가 동일한 사람이다. 가난한 사람이든 부자이든 누구나 생각할 수 있는 능력을 가지고 있다. 부자가 되기를 원한다면 '왜' 부자가 되어야 하는지 생각하고, 그것을 소망하면 된다.

태초부터 부자가 정해져 있지는 않다. 물론 태어나 보니 부모가 돈이 많을 수는 있다. 하지만 앞서 말한 것처럼 부자의 부모 또는 조부모 중에는 처음부터 부자로 태어나지 않았던 사람이 분명히 있다. 누구에게나 시작이 존재했듯이 우리가 이제 그 시작선을 끊으면 된다.

우리가 부자가 되고 싶은 이유는 돈과 시간에서 자유롭기 위해서이다. 인간이 자유를 갈망하는 이유는 궁극적으로 행복하고 싶기 때문이다. 행복의 의미를 지금 당장 정의할 필요는 없다. 그러나 우리가 소망하는 것을 조금씩 찾아갈 때, 우리 역시 부자와 다르지 않은 능력을 가지고 있음을 깨닫게 될 것이다.

부자에 대해선 아는데
나에 대해선 몰라요

부자들은 순수한 사람들이다

무언가를 진정으로 아는 가장 좋은 방법은 그것의 본질을 파악하는 것이다. 부자가 되기 위해 가장 좋은 방법 역시 부자의 본질을 파악하는 것이다. 그렇다면 부자의 본질은 무엇일까?

내가 생각하는 부자의 본질은 '순수함'이다. 아이들이 놀다가 배가 고프면 "엄마 밥 줘!"라고 외치고는 다시 논다. '내가 밥을 달라고 했는데 엄마가 진짜 밥을 줄까?'라고 절대 의심하지 않는다. '엄마가 밥을 안 주면 굶게 될 텐데……, 그럼 어떡하지?'라고 두려워하지도 않는다.

그저 원하는 것을 요구하고 기다린다. 아이는 아무런 의심과 두려움 없이 밥을 먹게 된다. 아이는 밥 먹게 될 것을 '믿는' 것이 아니다. 다만 자연스럽게 '아는' 것이다.

부자가 되려는 사람이라면 가장 먼저 재정적 목표를 세울 것이다. 그다음에는 가계부 정리를 통해 현재의 자산 상태를 파악한다. 이제 어떻게 해야 할지 방향성을 잡았다. 그 방향성을 향해 걸어가기 시작한다. 그럼, 이제 부자가 될 수 있을까? 안타깝게도 십중팔구는 그 발걸음을 지속하는 힘이 없다. 우리는 아이들처럼 순수하지 못하기 때문이다. 알기는커녕 믿지도 못한다.

'내가 정말 부자가 될 수 있을까? 이렇게 해서 가능성이 있는 거 맞나? 조금 더 현실적이어야 하지 않을까? 저 사람들은 뭔가 특별한 구석이 있던 게 아닐까?' 등등 우리의 머릿속에는 이처럼 끊임없는 의심과 불안이 생겨난다.

앞서 말했듯이 사람은 하루에 무려 6만 가지의 생각을 한다. 부자가 될 수 있다고 100번 긍정적으로 생각해도, 나머지 5만 9,900번 부정적인 생각을 한다면 부자가 될 가능성은 없다.

아주 잠깐 긍정적이고 낙관적인 생각을 한다고 해서 내가 세운 목표를 고수해나가긴 어렵다는 것이다. 나의 행동은 내가 지배적으로 하고 있는 생각에 따라 움직이기 때문이다.

나의 지배적인 생각을 순수한 '앎'으로 바꿀 수 있을 때 진짜 부자가 될 수 있는 부자의 기본값을 지니게 된다. 내가 부자가 될 것이라는 의심 없는 앎 말이다. 여기서 착각하면 안 되는 것이 하나 있다. 내가 가져야 하는 앎은 '나는 부자가 될 거야'라는 강제적인 생각의 주입으로 얻어지는 게 아니라는 점이다. 자연스럽고 순수하게 이미 알고 있어야 한다는 것이다.

하지만 우리는 알지 못한다. 지금까지 살아온 과거가, 현재 내 통장의 잔고가 그 명제를 증명해주지 못하기 때문이다. 그렇다면 나는 결코 순수한 앎을 가질 수 없는 걸까?

어린아이의 마음을 기억하라

어느 날 두 살쯤 되어 보이는 예쁜 여자 아이가 맞은편에서 아장아장 걸어오는 모습이 보였다. 나도 모르게 입가에 미소가 번졌다. 나뿐만 아니라 지나가는 모든 사람들이 그 아이를 보며 한마디씩 하기 시작했다.

"세상에, 어쩜 저렇게 예쁘지?", "정말 천사가 따로 없네!" 모든 사람들이 그 아이를 보며 미소 짓고 감탄했다. 그 아이는 아무것도 하지 않았다. 하지만 그저 존재만으로 아무런 상관도 없는 타인들에게 사랑을 받고 있었다.

그때 그 아이는 '이 어른들이 도대체 왜 나에게 이런 소리를 하는 거지? 내가 이런 과분한 사랑을 받을 자격이 있을까?' 하고 고민할까? 아니다. 십중팔구 자신에게 주어지는 사랑을 아무런 의심 없이 자연스럽게 받아들였을 것이다.

그렇게 조건 없이 사랑을 받던 아이가 자라서 지금의 우리가 되었다. 이 세상에 태어남과 동시에 무한 축복을 받았던 존재. 특히 부모에겐 그 무엇과도 절대 바꿀 수 없는 소중한 생명. 이게 진짜 우리의 본질이다. 우리가 이 사실을 잊어 버렸기 때문에 순수한 앎이 어려워진 것이다. 우리가 가장 먼저 해야 할 일은 이 사실을 기억하고 '앎'을 되찾는 것이다.

사랑받던 아이가 단지 어른이 되었다는 이유만으로 사랑받지 못하는 존재로 변질되지는 않는다. 이와 마찬가지로 스스로 조금 부족하게 느껴질 때가 있다고 해서 '나'라는 본질이 변하는 것은 아니다. 나의 순수성이 변질되었다면 그것은 나의 내면이 변질된 것을 바라보게 되었기 때문이다.

그럼 이미 변질된 순수성은 어떻게 되찾을 수 있을까? 기억하면 된다. 순수했던 나의 마음을 기억하고 되찾으면 된다. '무엇을 했을 때 안 되면 어쩌지?' 하는 어른의 마음이 아니라, '내가 원하는 것이 분명히 나에게 올 것'이라고 확신하는 아이의 마음을 기억해야 한다.

나를 알아야 부자가 될 수 있다

부자는 사실 돈 버는 방법을 아는 사람이기 이전에 순수한 사람들이다. 순수함은 자신이 원하는 것을 가질 수 있다는 믿음에서 나온다.

우리는 모르는 것을 믿을 수 없다. 무언가를 철썩 같이 믿을 수 있으려면 그것에 대해 잘 알아야 한다.

우리가 재테크를 위해 했던 작업 중에 하나는 자신의 현재 상태를 정확하게 인식하는 일이었다. 부자가 되기 위해서는 먼저 나 자신을 알아야 한다.

우리가 부자를 열심히 따라 해도 결코 똑같이 부자가 될 수 없는 이유가 바로 여기에 있었다. 우리는 자신의 본질에 대해서 생각해본 적이 없기 때문이다.

'지피지기백전불태(知彼知己百戰不殆)'는 오나라 출신의 전략가 손무(孫武)가 썼다는 중국 전국시대의 병법서《손자병법(孫子兵法)》에서 유래하는 말이다. "상대를 알고 나를 알면 백 번 싸워도 위태롭지 않다"라는 뜻이다.

이 말은 상대편과 나의 강약점을 충분히 알고 승산이 있을 때 싸움에 임하면 이길 수 있다는 의미다. 보통 어떤 싸움에서 승리하기 위해 상대와 나를 철저히 분석해야 한다는 용도로 쓰인다. 하지만 우리가 항상 놓쳐왔던 부분은 오히려 상대만 알고 나 자신에 대해서는 잘 모른다는 사실이다.

목표를 세우기 이전에, 그리고 어떤 방법을 실행하기 이전에 먼저 내게 주어진 당연한 권리를 아는 것이 중요하다. 그 권리를 한 치의 의심도 없이 자연스럽게 받아들일 수 있는 상태가 되는 것. 그럴 수 있기 위해 순수한 앎을 되찾는 것. 그 순수한 앎은 나의 존재로부터 시작된다는 것 역시 깨달아야 한다.

이 모든 것을 '감'이 아닌 '논리'로 인정할 수 있도록, 지금부터 스스로의 존재를 찾아가는 여정을 시작해보자.

나는 '생각'으로부터
시작된다

부자는 망해도 삼 년 먹을 것이 있는 이유

지금부터 하는 이야기는 부자가 되기 위해 가장 중요한, 나아가 인생의 핵심 열쇠(key)이다. 이 열쇠는 어떤 문도 열고 들어갈 수 있는 마법의 도구라고 단언할 수 있다. 시중에는 이에 관한 이야기만 한가득 풀어놓은 책이나 영상들이 아주 많다. 그러나 그것을 내 삶에 적용할 수 있는지가 관건이다.

우리가 무언가를 배우고 그것을 현실에 적용하려면 마음 깊은 곳에서부터 그것이 '옳다'라는 강력한 믿음이 있어야만 한다. 스스로 옳다고 믿지 않는 일을 끝까지 행하는 사람은 없으니까 말이다. 그런데 무언가를 '믿는다'는 표현은 사실 약간의 의심이 동반되고 있는 상태이다.

믿지 못하기 때문에 믿으려고 '노력'한다는 의미가 내포되어 있는 것이다. 노력하는 상태는 물 흐르듯이 자연스러운 상태가 아니라 인위적인 모습이다.

그런데 무언가를 '안다'는 것은 그것에 대해 한 치의 의심도 없다는 뜻이다. 당연히 노력할 필요도 없다.

예를 들어, 우리 중 그 누구도 자신의 성별을 의심하지 않는다. 내가 여자 또는 남자인 것을 믿으려고 노력하는 사람은 없는 것이다. 무언가를 아는 것은 믿음의 차원이 아니다. 그저 아는 것이다. 알게 되면 그것이 당연하기 때문에 지속성을 가질 수 있게 된다.

"부자는 망해도 삼 년 먹을 것이 있다"라는 속담이 있다. 본래부터 부자이던 사람은 망했다 하더라도 얼마 동안은 그럭저럭 살아나갈 수 있음을 비유한 말이다. 그 안에는 더 깊은 의미가 담겨져 있다.

예를 들어, 우리가 취업준비생일 때는 내가 원하는 회사의 직원으로 일할 수 있기를 간절히 바란다. 그러나 그곳에 입사하고 나면 내가 그 회사 직원인 것이 내 안에 당연한 앎으로 자리 잡게 된다. 이렇듯 변화의 시기를 지나고 나면 그 변화된 상태가 단순한 '믿음'을 넘어서서 '앎'이 된다.

한 번 부자가 되어 본 사람은 자신이 부자라는 앎을 지니고 있다. 부자의 자녀 역시 그 부모가 지닌 앎, 즉 부자의 사고를 물려받게 된다. 빈익빈 부익부(貧益貧富益富) 현상이 일어나는 이유도 바로 여기에 있다. 더 큰 자본이 더 큰 기회를 주는 현상과 더불어 내가 가진 앎이 지속되는 '관성의 법칙'이 맞물린 결과다.

가난한 사람들과 대화해본 적이 있다면 그들이 가진 반복된 패턴을 느껴보았을 것이다. '내가 돈이 어디 있어? 이것은 돈 없어서 안 돼! 저것도 돈이 있어야 할 수 있는 거지' 등. 본인이 '안 된다'고 단정 짓기를 계속하니, 그런 상태의 삶이 당연히 지속될 수밖에 없다.

시크릿의 본질

부자가 되기 위해서는 먼저 나 자신을 알아야 한다. 나 자신을 알기 위해서는 나를 이루고 있는 '생각'들을 우선 살펴봐야 한다. 우리가 무언가를 선택하고 행동하는 것은 생각을 기반으로 한 행위들이다. 생각 없이 하는 행동들도 많다고 느낄 수 있지만, 사실 그것은 이미 무의식에 주입되어 있는 생각들이 발현되는 행위들이다.

이제 우리가 해야 할 일은 우리의 생각을 점검해보는 것. 그래서 불필요한 생각을 비우고 내가 원하는 것이 이미 내 것이라는 '앎'으로 나를 채우는 것이다. 그렇게 되면 우리는 원하는 삶을 지속할 수 있는 가장 핵심적인 열쇠를 손에 쥐게 된다.

부자가 되는 법 중 한때 굉장히 유행한 원리가 있다. 바로 '시크릿(secret)'이다. 시크릿의 핵심 주제는 '무언가를 강렬히 원하면 그것을 끌어당긴다'는 것이다. 강렬히 원한다는 것은 내가 그 하나의 생각에 고정되어 있다는 것이다. 시크릿의 본질은 곧 '내가 하는 생각'인 것이다.

많은 사람들이 원하는 삶을 끌어당기기 위해 스스로의 생각을 변화시키려고 노력했다. 나 역시도 시크릿에 완전히 빠져들었던 사람 중 한 명이다. 처음 시크릿을 접했을 때는 세상을 다 가진 기분이었다. 무언가를 얻기 위해 내가 강렬히 원하기만 하면 된다고 하니, 이렇게 쉽고 간단할 수 있을까 싶었다.

그래서 관련 책과 강의에서 하라는 것은 다 따라 해봤다. 원하는 소망을 100일 동안 100번씩 적기, 매일 아침저녁으로 원하는 모습 외치기(확언), 내가 원하는 것이 이미 이루어진 모습 상상하기(심상화) 등등.

결과는 어땠을까? 소소한 몇 가지는 이루어졌지만 정작 진정으로 원하는 것은 오히려 반대 결과가 펼쳐지는 일이 많았다. 원인을 살펴보니 역시나 '앎'의 부재가 문제였다.

내가 아무리 '나는 부자다!'라고 생각하더라도 내 마음 깊은 곳에서는 내가 그렇지 않다는 걸 스스로 잘 알고 있다. 그럼 내가 실제로 아는 것, 그래서 무의식중에 생각하게 되는 것은 '나는 부자다'가 아니라 '사실 나는 부자가 아닌데?'가 되는 것이다.

내면의 강한 믿음, 앎을 소유하는 법

'이미지 트레이닝(image training)'이란 단어를 들어보았을 것이다. 스포츠 선수들이 적극 활용하는 이미지 트레이닝은 실제 훈련과 더불어 진행된다. 뇌가 현실과 상상을 구분하지 못한다는 점을 이용하여 훈련의 효율을 높이는 것이다.

쉬운 예로 '레몬'이란 단어를 떠올리면 바로 입에 침이 고이는 현상을 들 수 있다. 우리 눈앞에 레몬이 실재하지 않음에도 우리 몸은 레몬이 있는 것처럼 반응한다. 이는 뇌가 현실과 상상을 구분하지 못하기 때문이다.

상상 속에서 무언가를 '실재'처럼 행할 수 있으려면 그것이 가능하다는 내면의 깊은 믿음이 필요하다. 뇌를 속일 수는 있어도 마음속에 일어나는 느낌까지 속일 수는 없다.

우리가 레몬을 생각했을 때 침이 고이는 이유는 이미 레몬 맛을 알고 있기 때문이다. 레몬 맛이 시다는 강한 믿음(앎)이 있고 느낌이 명확하니까 뇌가 깜빡 속아 넘어간 것이다.

생각을 불러오는 것은 '느낌'이다. 우리는 생각을 '한다'고 말하지만, 사실 생각은 무의식중에 '떠오르는' 경우가 훨씬 많다. 이것이 바로 우리가 시크릿에서 말하는 '끌어당김의 법칙'을 제대로 사용하지 못했던 이유이다. 생각이 이루어지려면 내가 하는 생각과 그 생각으로 인해 내 마음 깊은 곳에서 일어나는 느낌이 일치해야 한다.

우리가 부자가 되는 목표를 이룰 수 있다고 믿더라도, 우리 안에 일어나는 느낌이 내가 원하는 목표와 반대의 것을 계속 떠올리게 한다면 우리는 결코 부자가 될 수 없다. 나아가 생각의 속성을 제대로 이해하지 않고서는 재테크는커녕 인생의 그 무엇도 원하는 대로 지속해 나갈 수가 없다. 생각의 주입이 느낌까지 조작할 수는 없다는 사실을 인정하고 다시 시작해야 한다.

지금의 우리는 변화되어진 상태가 아니라 변화의 과정에 있다. 원하는 결과에 대해 생각할 때 자꾸만 의심의 느낌이 끼어드는 것은 당연하다. 하지만 모든 변화에는 단계가 있으니 순차적으로 훈련해나가면 된다.

인생은 의외로 길다. 지나간 시간에 대해서만 쏜살같이 흘렀다고 느껴지는 것이지 새롭게 마주하는 순간들은 이제 시작일 뿐이다. 그러니 우리는 지속 가능한 인생을 살아야 한다.

쉽고 빠르게 부자가 되고 싶은 마음이 생기는 것은 너무나 당연하다. 그러나 반드시 필요한 단계를 건너뛰게 되면 내면의 강한 믿음, 즉 앎을 가질 수가 없다. 졸부가 빨리 망하는 이유도 바로 여기에 있다. 한 번의 운으로 이루어진 부(富)는 내 안의 진정한 앎이 동반된 상태가 아니기 때문이다. 관성의 법칙 때문에 본래 깊게 믿고 있던 앎으로 되돌아가는 것이 부의 과학적 원리이다.

조급해할 필요는 없다. 나이가 어떻든 여전히 살아가야 할 날이 많다. 방법이나 정보에 대한 공부도 필요하지만 '부의 본질'에 대해 생각해보는 것이 부를 이루는 시간을 단축시켜준다는 사실을 기억하자.

부자가 되려면
비움이 필요해

진짜 내 생각을 보려면 빈 공간을 만들어라

우리는 소유에 짓눌려 살아가고 있다. 그것이 물건이든 정보든 이미 많은 것을 넘치게 가지고 있다. 하지만 가진 양에 비해 정작 자신이 진정 원하는 것을 소유하고 있는 사람은 의외로 많지 않다.

이렇게 무분별한 소유에 휩싸여 살고 있는 이유는 자신의 취향을 알아차리기도 전에 너무나 많은 외부 요소들이 우리를 잠식해 버렸기 때문이다. 우리는 온전히 자기 자신으로 존재할 수 있는 권리를 잃어가고 있다.

물론 우리의 삶에는 물건이든 정보든 다양한 가치들이 필요하다. 그러나 그 '채움'이 무분별한 수용이었는지 아니면 자신의 주체적인 선택이었는지 구별할 수 있어야 한다.

앞에서 자기 자신을 알기 위해서는 나를 이루는 생각들을 살펴봐야 한다고 했다. 하지만 사실상 내가 하는 생각들을 모두 알고 이성적으로 제어하는 것은 불가능하다. 지금 당신이 이 책을 읽고 있는 순간에도 수많은 생각들이 초 단위로 바뀌어 나타나고 있을 것이다.

우리가 시크릿, 즉 내가 원하는 것에 나의 생각을 고정시키기 어려운 이유는 내 머릿속이 이미 여러 가지 생각들로 엉켜 있기 때문이다. 우리가 원하는 그림을 그리려면 도화지가 빈 상태여야 한다. 나의 도화지에 다른 사람이 빨간색, 검은색 크레파스로 먼저 그림을 그려놓았다고 생각해보자. 내가 그 위에 그림을 그려봤자 당연히 내 그림은 잘 보이지 않을 것이다.

내가 원하는 것을 기존의 것들 위에 억지로 덮어씌우는 것만으로는 그것을 선명하게 볼 수 없다. 내가 원하는 생각을 고정시키려면 그 생각이 잘 보일 수 있게 깨끗한 도화지처럼 빈 공간을 만들어 주어야 한다.

하지만 무언가를 비운다는 것은 채우는 것보다 훨씬 더 어렵다. 각자가 살고 있는 집만 살펴봐도 쉽게 알 수 있다. 물건을 사들이는 것은 쉽지만 정리하고 버리는 것은 귀찮고 어렵기 때문이다.

당장 생각을 비우는 게 어렵다면 먼저 눈에 보이는 불필요한 물건들부터 버리면서 스스로에게 비움을 경험하게 해주면 된다. 생각과 물질은 따로 있지 않다. 어떤 것이든 하나라도 시작하면 다른 것들 역시 영향을 받게 되어 있다. 그러니 자신이 할 수 있는 것부터 일단 실천하면 된다.

옷장을 비워라

《인생이 빛나는 정리의 마법》을 쓴 일본의 정리 컨설턴트 '곤도 마리에'는 "설레지 않으면 버려라"라고 이야기한다. 실제로 내가 선택한 것들의 합이 나 자신이자 일상이 된다. 그 일상들이 모여 나의 총체적인 삶을 이루게 된다.

그런데 내가 소유한 것들이 나에게 설레지 않는 것, 소중하지 않은 것들로 엉켜 있다면 당연히 내 삶의 진정한 방향성이 가려질 수밖에 없다. 설령 원하는 것을 알게 되더라도 이미 가지고 있는 것들에 내 에너지가 향하고 있어서 정작 내가 원하는 목표에 집중할 에너지가 없다.

옷장 속 입지 않는 옷부터 중고물품 거래 플랫폼(중고나라, 당근마켓 등)을 이용하여 팔아보자. 기부 플랫폼(아름다운가게 등)에 내놓아도 좋다.

나도 1년 전쯤 대대적으로 옷장을 정리했다. 옷장에 있는 옷을 전부 꺼내서 2~3년 이상 입지 않은 옷들을 분류했다. 그 옷들은 추억이 깃들어 있어서, 사이즈가 달라져서, 스타일에 변화가 생겨서 등의 이유로 옷장에 잠들어 있는 상태였다.

나는 현재를 사는 존재이므로 지금 함께하고 싶은 것들만 남기기로 마음먹었다. 아깝다는 이유로 쌓아 놓아도, 어차피 평소에는 그 옷들이 있는 줄도 모르고 옷장 깊숙이 처박아둘 뿐이기 때문이다. 그렇게 옷장의 3분의 2를 비워냈다.

옷장에 틈이 생기니 내가 어떤 옷을 가지고 있는지 한눈에 보였다. 내가 가진 옷들을 명확하게 아니까 새 옷을 사는 일이 줄어들었다. 비슷한 색상, 비슷한 스타일이 이미 있다는 것을 인지하고 있기 때문이다. 이로써 있는 옷을 잘 활용하게 되었을 뿐만 아니라 불필요한 지출도 막을 수 있게 되었다.

이런 과정을 통해서 깨달을 수 있는 것이 있다. 무언가를 중고로 되팔 때는 아무리 새것 같은 상태여도 구매했던 가격보다 저렴하게 팔아야 한다. 내가 살 때는 비싼 가격이었고 몇 번 입지도 않았지만, 그것이 헐값에 팔려나가거나 쓰레기가 되는 상황을 보면 살 때는 미처 몰랐던 불필요한 소비를 새삼 깨닫게 된다.

어느 날 친구가 마음에 쏙 드는 코트를 발견해서 같은 상품을 색상별로 두 벌을 샀다고 한다. 하지만 대개 입는 옷만 계속 손이 가게 마련이라, 둘 중에 한 번도 입지 않은 색상은 처분하고 싶어졌다고 한다. 그래서 친구는 50만 원짜리 코트를 중고 거래 사이트에 30만 원에 올렸다. 이후 구매를 원하는 사람이 생기자, 친구는 새 상품을 무려 20만 원이나 저렴하게 파는 것이 왠지 아깝게 느껴져 갑자기 판매 의사를 철회해 버렸다.

그러나 단순히 아까운 마음이 든다고 해서 그동안 안 입던 코트를 다시 입게 되지는 않는다. 이것은 우리 모두 경험으로 잘 알고 있다. 어차피 입지 않을 거라면 그 옷은 무의미하고 불필요한 짐일 뿐이니, 팔아서 30만 원이라도 만드는 것이 이익이다.

앞으로 주가가 더욱 하락할 것을 예상하여 가지고 있던 주식을 매입 가격 이하로 파는 주식의 '손절매'와 같이 생각하면 된다. 어차피 손해를 봐야 한다면 손해의 크기라도 줄이는 게 현명하다. 아까운 마음이 드는 것은 '감정'이지만, 숫자로 계산해 보았을 때 조금이라도 플러스(+) 구조를 만들어야 하는 것이 바로 재테크이다. 우리는 돈을 감정적으로 대하지만, 돈은 그저 숫자일 뿐이다.

옷을 많이 사는 게 문제가 된다는 이야기는 절대 아니다. 나를 정말 설레게 하는 옷, 그래서 잘 입고 다니는 옷을 사는 것이라면 전혀 문제될 게 없다. 하지만 그렇지 않은 옷들은 쓰레기 더미에 불과하다. 중고로 되팔거나 버리더라도 그 과정에서 불필요한 시간과 에너지를 사용해야 한다.

순간의 충동으로 어차피 버려질 쓰레기를 위해 돈을 지불하고, 그 물건을 소유하기 위해 공간을 사용한다. 또한 그것을 치우기 위해 새로운 시간과 에너지가 투입되어야 한다. 결국 돈 낭비, 공간 낭비, 시간과 에너지 낭비, 그야말로 다중 낭비이다.

입지 않고 쌓아 놓은 옷이 많은 분들이라면 중고로 팔거나 버리는 시간을 꼭 가져보기를 추천한다. 그 경험을 통해 그동안 자신이 얼마나 불필요한 금액을 지출해왔는지, 그로 인해 얼마만큼의 시간과 에너지의 추가 손실을 감당해야 하는지를 직접 느껴보자.

그러면 그다음부터는 충동구매를 하는 일이 현저하게 줄어들

것이다. 순간적으로는 예뻐 보일지라도, 혹은 세일해서 미리 구입하는 것이 이득처럼 느껴지더라도. 집에 가져가면 그저 '예쁜 쓰레기'가 될 수 있다는 경험을 통해서 진정 그 상품이 내 마음을 설레게 하는지 한 번 더 생각해볼 수 있을 것이다.

냉장고를 비워라

여러분은 마트에 장을 보러 가면 계획했던 재료들만 구입하는가? 시식, 1+1, 또는 세일 상품 등의 유혹 때문에 쉽지 않을 것이다.

예정에 없던 외식을 할 수도 있고, 새로운 무언가가 먹고 싶어지면 다시 그에 맞는 재료를 구입한다. 그래서 소진되지 않고 쌓여 있던 재료들은 결국 유통기한이 지나서 버리게 된다.

옷장과 마찬가지로 냉장고 안의 불필요한 식재료 역시 정리해보자. 쌓인 것이 있으면 "언젠가는 치워야 한다"라는 사실을 우리는 무의식적으로 인지하고 있다. 새로운 생각이 들어오려면 생각의 공간이 비워져 있어야 한다. 그런데 우리의 생각이 이런 사소하고 불필요한 것들로 채워져 있다면 새로운 것에 집중하기 어렵다. 생각의 여백을 만들기 위해 내 주변 공간의 여백부터 만들어보자.

최근에 코로나 여파로 집에 있는 시간이 늘어나면서 직접 밥을 해 먹는 횟수가 늘었다. 나는 요리를 즐기는 편은 아닌데 불가피하게 요리를 해야만 하는 상황에 맞닥뜨리게 된 것이다. 하지만 코로나 덕분에 냉장고 비우기가 생활의 습관으로 완벽하게 자리 잡게 되었다.

나는 먼저 일주일치 식단을 짠다. 집에서 하루에 평균 두 끼를 먹는데, 그렇다고 14가지의 메뉴를 정하는 것은 아니다. 우선 7가지 정도의 메뉴를 생각하고, 그 메뉴에 필요한 재료들을 일주일에 한 번 온라인 마켓으로 구매한다.

만약 메뉴에 된장찌개가 있다면 재료로 들어갈 두부, 버섯, 감자, 애호박, 양파 등의 각종 채소들이 필요하다. 하지만 된장찌개를 한 번 끓이는데 그 모든 재료들이 깔끔하게 소진되지는 않는다. 그럼 다음 끼니는 앞선 메뉴에서 남은 재료들을 활용한 요리를 한다. 두부부침, 애호박전, 감자볶음 같은 반찬을 만들거나, 아니면 다른 재료들을 조금 추가하여 볶음밥을 만들어 먹는다. 예를 들어, 감바스를 해먹은 다음 날은 남은 새우로 볶음밥을 해먹는 식이다.

보통 남은 재료는 냉장고에 넣은 후 잊어버리기 십상인데, 남은 재료를 바로 다음 끼니에 활용하는 식으로 식단을 짜면 그럴 일이 현저히 줄어든다. 내가 스무 살 때 스타벅스에서 아르바이트를 하며 배운 냉장고 정리법도 유용하다. 유통기한이 많이 남은 제품은 냉장고 뒤쪽에 두고 적게 남은 제품은 냉장고를 열면 바로 눈에 띄도록 앞쪽으로 배치한다. 그럼 먼저 소진해야 하는 재료를 놓치지 않고 사용할 수 있다.

몸을 비워라

여기서 몸을 비운다는 것은 다이어트용 디톡스와는 다른 개념이다. 생명과 맞닿아 있는 구간이기도 하다. "내가 먹는 음식이 곧 나다"라는 말을 들어보았을 것이다. 우리는 먹지 않으면 살 수 없다. 그렇게 매일 먹는 것들이 우리의 몸을 이루고 있다.

우리는 본능적으로 몸에 좋은 음식들을 잘 알고 있다. 하지만 지금은 각자의 라이프 스타일이 중요해지고 생활이 바빠져서 1인 가구, 맞벌이, 신혼부부, 워킹맘뿐만 아니라 육아와 살림을 전담하고 있는 전업맘들까지도 가정간편식(home meal replacement, HMR)을 애용하고 있다. 특히, 1인 가구의 증가로 가정간편식 시장은 2012년부터 2016년까지 5년간 연간 평균 17%의 성장을 기록했고, 앞으로는 5조 원대의 성장을 바라보는 인기 산업 분야가 되었다.

하지만 자극적이거나 가공된 음식들을 많이 접하다 보니, 이제는 본래의 미각을 잃어가고 있다. 자주 접하는 자극적인 음식들이 맛있다고 착각하게 되는 것이다. 가정간편식의 뒷면에 있는 성분 분석표를 보면 결코 마음이 편하지 않다. 어떤 음식이 우리 몸에 좋은지 잘 알고 있기 때문이다.

몸을 비운다는 것은 인체에 자연스러운 음식, 좋은 음식으로 나를 다시 채우는 것이다. 인위적이고 불필요한 음식을 지속적으로 섭취하면 나는 인위적이고 불필요한 것들로 이루어진 사람이 될 수밖에 없다. 우리는 새롭고 건강한 생각을 할 수 있도록 무분별한 음식 섭취를 줄여 더 건강한 삶을 영위해야 한다.

그러고 보면 물건이든 음식이든 생각이든 '비우는 행위'는 곧 '채우는 행위'라고 할 수 있다. 다만, 채움의 기준이 다를 뿐이다. 내가 진정으로 원하는 것, 나에게 진정으로 필요한 것, 인위적이지 않고 자연스러운 것들로 나를 채울 수 있을 때 진정한 비움이 시작된다. 무조건적으로 버리고 비우는 것이 아니라 좋은 것들로 하나씩 대체해 나가는 것이 비워가는 순서이기도 하다.

나는 꽤 오랫동안 식사를 '때우는' 습관을 가지고 있었다. 빠르고 간편하게 먹을 수 있다는 이유로 밥 대신 군것질이나 인스턴트식품을 선호했다. 일을 하려면 끼니를 거르지 않는 게 중요하다고만 생각했지, 음식의 질이 크게 중요하다고는 생각하지 못했다.

그래서일까, 나는 늘 '소화불량'을 달고 살았고, 외적으로나 내적으로나 생기가 없었다. 생기(生氣)가 없다는 것은 말뜻 그대로 살아 있는 기운이 없다는 의미인데, 어느 날 문득 무언가 잘못되었다는 생각이 들었다.

반복적으로 소화제나 한약 등에 의존하는 신세를 면하기 위해 건강과 음식의 상관관계에 대해 공부하기 시작했다. 콜린 캠벨(Collin Campbell) 같은 영양 전문가의 저서 《무엇을 먹을 것인가》 등을 통해 많은 것을 배울 수 있었는데, 핵심은 '자연스러움'이었다. 인위적으로 가공하지 않은 자연 그대로의 음식이 몸에 부담을 주지 않는 가장 적합한 음식이라고 했다. 그래서 나는 한 달 동안 생(生)으로 먹을 수 있는 과일, 채소 등과 1차 가공(삶기, 찌기)만 해도 되는 음식들(구황작물 등)을 주식으로 먹었다.

살을 빼기 위해서가 아니라 살기 위해 시작한 식단 관리는 결과적으로 10킬로그램 감량이라는 선물을 덤으로 주었다. 모든 피부 트러블이 사라졌으며, 평생 시달려왔던 소화불량에서 완전히 벗어날 수 있게 되었다. 그리고 살면서 처음으로 '정신이 맑고 또렷하다'는 의미를 몸소 체험할 수 있었다.

몸을 비우는 것과 부자가 되는 것이 무슨 상관관계가 있느냐고 생각할 수 있다. 미즈노 남보쿠의《절제의 성공학》이라는 책에서는 음식 절제에 관한 이야기가 많이 나온다. 그는 먹는 것은 생명의 이치이자 본성이지만 "오직 사람만이 배가 불러도 계속 음식을 입에다가 구겨 넣는다"라고 말한다. 이는 본성이 아니라 탐욕이기 때문에 생명의 자연스러운 흐름을 저지한다는 게 그의 주장이다.

실제로 나의 경험에 따르면, 위에서 언급한 '몸에 자연스러운 음식'을 먹을 때는 배가 부르면 더 이상 음식을 찾지 않게 된다. 반대로 인위적인 음식은 자극적인 맛으로 미각과 소화기관을 마비시키기 때문에 배가 부른지도 모르고 계속 음식을 집어넣게 만든다.

그렇게 음식이 또 음식을 부르고, 많은 양의 음식을 사느라 불필요한 비용을 지출하게 된다. 인위적인 음식이나 탐욕적인 과식은 건강에 이롭지 않기 때문에 추가적으로 건강을 위해 영양제 또는 약값 등에 돈을 써야 하며, 우리는 그런 모든 것들을 신경 쓰느라 원하는 것에 정신을 집중하기가 어려워진다.

'절제한다'는 것은 무언가를 억지로 참는 게 아니라 불필요한 데에 쓰이는 에너지를 아끼는 것이다. 이는 앞서 설명한 자산 관리 방법과 다를 바가 없다. 쓸데없이 새는 것만 막아도 우리의 돈과 에너지는 부족하지 않을 수 있다. 그 에너지로 진정 원하는 것에 집중하는 사람이 부자가 되고 성공할 확률이 높은 것은 두말하지 않아도 이해가 될 것이다.

비우면 비로소 알게 되는 것들

이렇게 주변부터 하나씩 정리해보면 그동안 자신이 얼마나 불필요한 것들에 둘러싸여 살아왔는지 직면할 수 있다. '저렴하니까' 또는 '누가 좋다고 해서' 등등의 이유로 모든 것을 그저 무조건 채워왔다면 내 삶은 '아무거나'로 점철된 삶인 것이다. 그것은 당신 스스로를 '아무거나'로 취급했다는 뜻이기도 하다.

'아무거나'로부터 벗어나자. 주변을 비워보자. 내 공간에 여유가 생기면 시간과 에너지가 절약된다. 그럼 일상에서 불필요하게 신경 써야 할 부분이 줄어드니 동시에 생각에도 여유가 생기게 될 것이다.

무소유(無所有)나 미니멀리즘(minimalism)의 삶을 무조건적으로 지향하라는 것이 아니다. 나에게 정말 필요한 것 또는 내가 진정 원하는 것으로 내 삶을 채워나가자는 것이다.

진짜 부자들이 의외로 물건에 집착하지 않는 이유는 자신의 에너지를 더 소중한 곳에 쏟고 있기 때문이다. 많은 사람들이 알다시피 페이스북(Facebook)의 CEO 마크 저커버그와 애플(Apple) 창업자 스티브 잡스는 단벌 신사로 유명하다.

마크 저커버그는 페이스북 사용자들과의 온라인 질의응답 시간에 단벌을 고집하는 이유에 대해 "이 커뮤니티(페이스북 사용자들)를 어떻게 하면 가장 잘 섬길 것인가 하는 것을 제외하면, 뭐든지 결정을 내려야 할 사항을 줄일 수 있도록 내 생활을 단순화하고 싶다. 무엇을 입을 것인지, 아침식사로 무엇을 먹을 것인지 같은 사소한 결정도 피곤하고 에너지를 소모하는 일이 될 수 있다"라고 답했다.

스티브 잡스는 "착용감도 편한데 입는 시간도 오래 걸리지 않기 때문"이라고 말했다. 즉, 이들은 자신이 집중해야 하는 곳에 에너지를 쏟을 수 있도록 물건 관리에 드는 노력을 최소화했던 것이다.

여러분도 가장 필요하고 진정 원하는 것을 스스로에게 줄 수 있도록 눈앞의 불필요한 것들을 차근차근 정리해보는 시간을 꼭 가져보기를 바란다.

부자들의
시크릿 사용법

생각대로 삶을 움직이는 과학적 원리

당신이 지금 읽고 있는 이 책은 무엇으로 만들어졌을까? 여러 가지 물질이 들어가지만 주재료는 종이이다. 그럼 종이는 무엇으로 만들어졌을까? 나무이다. 그럼 그 나무는 또 무엇으로 만들어졌을까? 이런 식으로 세상 모든 것을 계속해서 쪼개어 가다 보면 그 마지막에 존재하는 것이 무엇일지 생각해본 적이 있는가? 갑자기 뜬금없이 무슨 소리인가 싶겠지만, 사물의 원리를 이해하면 우리가 원하는 삶에 조금 더 빠르게 다가갈 수 있다.

물질을 구성하는 기본 입자는 '원자'이고, 원자를 이루는 구성요소는 '미립자'라고 한다. 과학계에서는 계속해서 물질의 최소단위에 대한 연구가 진행 중이므로 언젠가 또 다른 소립자가 발견

될 것이다. 하지만 지금 우리가 알아야 하는 것은 과학이 아니라 현실에서 원하는 것을 이루는 방법이니, 일단 만물의 최소 단위를 '미립자'라고 표현하겠다.

입자라는 것은 그 크기가 얼마만 하든 기본적으로 눈으로 확인 가능한 물질이다. 내가 누군가에게 무언가를 던졌을 때 전달이 가능하다면 입자라고 볼 수 있다.

반면에 파동은 눈에 보이지 않는다. 파동의 대표적인 예로는 '소리'가 있다. 내가 100명 앞에서 노래를 부르면 100명이 동시에 나의 노래를 들을 수 있듯이 파동은 동시에 여러 곳으로 퍼지는 성질을 지니고 있다.

영국의 '토머스 영(Thomas Young, 의사 · 고고학자 · 물리학자)'이 진행한 '이중 슬릿(double slit)'이라는 실험이 있다. 이 실험의 결과는 우리가 원하는 대로 삶을 움직일 수 있는 비밀을 담고 있다.

토머스 영은 이 실험에서 벽과 전기총 사이에 두 개의 구멍이 뚫린 판(slit)을 두고, 입자와 파동이 각각 그 구멍을 통과하는 모습을 지켜보았다.

앞서 말했듯이 '입자'는 눈으로 확인 가능한 물질이다. 그러므로 입자는 한 번에 한 구멍으로만 통과가 가능하다. 순차적으로 여러 개의 입자를 구멍으로 통과시키면, 입자는 누구나 예측 가능하게 직선 방향의 자국을 남기며 벽 앞에 일렬로 줄을 서게 된다. 그러나 '파동'은 한 번에 두 개의 구멍을 동시에 통과할 수 있다. 또한 자유자재로 구멍을 통과하면서 물결무늬를 만들어낸다.

'이중 슬릿' 실험은 구멍을 통과하여 만들어진 무늬의 모양에 따라, 그것이 입자인지 파동인지를 구분하는 실험이다. 여기서 우리가 주목해야 할 점은 만물의 최소 단위라는 '미립자'가 어떤 무늬를 만들어내는가이다.

미립자의 종류 중 하나인 '전자'를 두 구멍에 통과시켜 보니 '물결무늬'가 생겼다. 전자는 파동이 아니라 명백히 입자라고 알고 있던 과학자들은 당황했다. 재확인을 위해 다시 전자를 구멍에 통과시켜 자세히 관찰해보았더니 이번에는 '직선무늬'가 생겼다.

이 실험은 세상 만물을 이루고 있는 최소 단위인 미립자는 형태가 정해져 있지 않다는 것을 이야기해준다. 미립자는 입자이기도 하고, 동시에 파동이기도 한 것이다.

미립자들은 우리가 관심을 두지 않을 때는 '파동'처럼 행동했다. 하지만 우리가 그 미립자를 '입자'라고 생각하고 바라보는 순간, 그들은 자신이 '입자'인 것처럼 행동했다. 즉, 우리가 어떤 생각을 가지고 그것을 바라보는지에 따라 반응이 달라졌다.

결국 이 실험은 "우리가 바라보는 대로 그 생각이 이루어진다"라는 주장에 대한 과학적인 증거를 보여주는 자료라고 할 수 있다. 모든 것을 이루고 있는 최소 단위의 구성 요소가 우리가 생각하는 모습대로 변신해주고 있으니 말이다.

재테크를 시작하는데 과학까지 등장하니 조금 장황하다고 생각할지도 모르겠다. 하지만 근본적인 것을 알면 그다음은 쉬워진다. 요리를 할 때 재료 본연의 맛과 역할을 알면 굳이 복잡한 레시피가

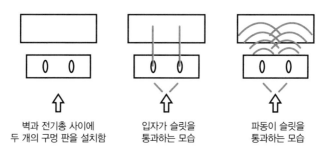

벽과 전기총 사이에
두 개의 구멍 판을 설치함

입자가 슬릿을
통과하는 모습

파동이 슬릿을
통과하는 모습

없어도 내가 원하는 대로 조리가 가능한 것과 같다. 우리의 삶을 원하는 대로 요리할 수 있는 근본 재료가 '생각'이라는 것을 절대 잊지 말아야 한다. 항상 생각을 원하는 것에 고정시켜 바라볼 수만 있다면 삶은 우리가 생각하는 대로 이루어질 수밖에 없다.

플랜 B를 두어 플랜 A에 집중하게 하라

우리의 현재 모습은 그동안 우리가 생각해왔던 것들이 구현된 것이다. '나는 이런 삶을 원한 적도, 생각한 적도 없는데?'라고 느껴진다면 내 생각이 내가 원하는 것에 고정되어 있지 않았던 것이다.

내가 원하는 것만 바라보고 싶은데 자꾸 의심이 들고, 그 의심이 내가 원치 않는 느낌을 불러온다. 그 느낌은 다시 내가 원치 않는 생각을 하게 만들고, 결국 내가 하는 지배적인 생각이 오히려 내가 원하는 것과 정반대가 되었을 확률이 높다.

원하는 것에 대해 '의심'이 들면 '원치 않는 느낌'을 불러오고, 그것은 곧
내 생각을 지배하여 '원치 않는 생각'이 다시 현실이 되는 악순환을 만든다.

이 연결고리를 끊을 수 있는 방법이 있다. 바로 '플랜 B'를 세워
두는 것이다. 많은 자기계발서에서는 원하는 것을 이루려면 배수
진을 쳐야 한다고 말한다. 내가 원하는 단 하나에 목숨을 걸어야
한다고 말이다. 하지만 이것이야말로 생각을 '불안'으로 가득 채
우는 가장 큰 원인이 된다.

예를 들어, 부자들은 투자할 때 소위 '몰빵'이라는 방식을 선택
하지 않는다. 부자가 아니어도 무언가에 투자할 때는 상식적으로
분산투자를 한다. 만약 하나의 투자처에 나의 전 재산이 걸려있다
면 너무 불안해서 일상생활조차 유지하기 어려울 것이다. 그 하나
의 투자처가 무너지면 내 삶도 함께 무너지니까 말이다. 하지만
하나가 잘못돼도 다른 것들이 버티고 있다고 생각하면 상대적으
로 마음의 여유를 가질 수 있다.

다만, 여기서 오해하지 말아야 할 것이 하나 있다. 플랜 B를 세
워두는 이유는 플랜 A를 대충 해보다가 안 될 것 같으면 플랜 B로
갈아타기 위해서가 아니다. 플랜 A에 최선을 다하되, 혹시나 안

되더라도 플랜 B가 있으니까 인생이 완전히 무너질 일은 없다는 심적 여유를 가지기 위한 보호장치일 뿐이다. 안심할 수 있는 보호장치가 있으면 불필요한 걱정을 덜어 플랜 A에 좀 더 집중할 수 있는 원리이다.

인생을 내 뜻대로 이루어가는 원리

우리가 무언가를 '원한다'는 것은 그것이 나에게 '없다'라는 사실을 의미한다. 우리는 자신에게 이미 '있는' 것을 원하지 않는다. 아직 가지고 있지 않은 '없는' 것을 원한다. 그래서 우리의 생각은 무언가를 원하면 동시에 그것이 나에게 '없다'라는 결핍을 떠올린다.

부자들은 이 원리를 이용해서 '그것이 이미 나에게 있다'라고 생각한다. 많은 이들에게 사랑받은 책《더 해빙(The Having)》에서 말하는 '가짐(Having)'의 원리이기도 하다. 내가 원하는 것을 이미 누리고 있는 모습을 느끼는 것이다.

우리는 왜 부자가 되길 원하는가? 물건이든 경험이든 우리가 원하는 것을 가지기 위해서이다. 그렇다면 왜 그것을 가지고 싶어 하는 걸까? 그것을 통해 행복감을 느끼기 때문이다. 행복이란 뭘까? '만족감'이다. 내가 가진 무언가를 통해 스스로 자기만족을 느낄 수도 있고, 남에게 좋은 영향력을 끼칠 수도 있다. 그런 것들로부터 만족스러운 느낌이 드는 순간, 우리는 행복해진다.

즉, 우리가 하는 모든 행위들은 결국 내면의 깊은 만족감을 얻기 위한 것이라는 이야기이다.

예를 들어, 맛있는 음식을 먹으면 지금 당장 만족감을 느낄 수 있다. 물론 음식을 먹는 것과 평소 꿈꾸던 집을 가지는 것은 만족감의 '크기'가 다르다. 하지만 만족하는 느낌이라는 점에서 그 본질은 같다. 그래서 우리는 없는 것이 아닌 가진 것에 초점을 맞추어야 한다.

가진 것에서 만족감을 느낄 수 있을 때 그 만족감이 습관이 되어 원하는 것을 가진 느낌도 가질 수 있다. 그럼 원하는 것을 이룬 나의 모습을 바라볼 수 있게 되고, 그 생각을 고정시켜 바라보면 이중 슬릿 실험에서처럼 미립자들은 우리가 바라보는 모습대로 변화해 눈앞의 현실로 나타난다.

조금 부끄러운 이야기지만, 나는 오랜 기간 짝사랑을 했던 적이 있다. 짝사랑을 하는 동안 내가 원하는 것을 매일 바라고 생각했다. 하지만 시간이 흐를수록 더더욱 '불만족감'만 깊어졌다. 내가 원하면 원할수록 오히려 나에게는 그의 사랑이 '없다'는 것을 더 뚜렷하게 만들었기 때문이다.

어떤 상황이 만족스럽지 않으면 대개 우리는 화가 난다. 나 자신뿐만 아니라 아무런 잘못도 없는 상대방에게까지 화가 난다. 그렇게 화가 나면 행동은 더 부자연스러워진다. 잘해보고 싶은 마음을 가졌을 뿐인데 행동은 오히려 반대로 엇나간다. 그럼 결과는 어떻게 될까? 당연히 관계가 악화되어 내가 원하는 상황과 더욱 더 멀어진다.

어느 날 문득, 원하는 것을 가질 수 있게 해준다는 '생각의 원리'를 이용해보면 어떨까 하는 생각이 들었다. 이래도 안 되고 저래도 안 되니 마음이나 한 번 편하게 가져보자는 생각이기도 했다.

그래서 그냥 나 혼자 마음으로나마 그 사람도 나를 좋아한다고 느꼈다. 상대도 나를 좋아한다고 생각하니, 그 사람을 마주할 때 마음이 한결 여유로워졌다. 괜히 화가 나던 마음이 사라졌고, 편안하고 자연스럽게 상대를 대하기 시작했다.

거짓 느낌이었지만 어차피 나는 잃을 게 없었다. 이렇게 마음에 여유가 생기니 현실에서 그 사람이 나를 끝까지 좋아하지 않는다고 하더라도 세상에 남자가 그 사람 한 명만 있는 것은 아니라는 생각도 들었다. 플랜 B가 세워진 셈이었다.

내가 그렇게 마음을 먹은 며칠 후, 놀라운 일이 벌어졌다. 그동안 그렇게 노력해도 벽처럼 느껴졌던 상대가 나에게 좋아한다고 고백했던 것이다. 내가 이미 원하는 것을 가졌다는 '느낌'을 품으니 실제로 그 느낌에 상응하는 결과가 현실에서 도출됐다.

이것이 생각하는 대로 이루어지는 근본 원리이다. 내가 원하는 것이 이미 나에게 있다는 '앎', 그 앎을 통해 느껴지는 진실된 느낌을 품을 수만 있다면 우리는 원하는 삶을 이룰 수 있다. 찬 공기는 찬 공기끼리, 뜨거운 공기는 뜨거운 공기끼리 뭉치듯이 내가 진짜로 원하는 것을 알고 편안한 상태로 그것이 이미 존재한다고 느끼면 그 편안함에 상응하는 상황이 나에게 현실로 다가온다.

사고와 행동의 순환 사이클을 바꾸는 방법

'이중 슬릿' 실험을 보면, '전자'는 누군가가 자신에 대해 어떠한 규정도 하지 않았을 때는 '파동'이 되었다. 하지만 '그럴 리가 없어! 너는 입자인데?'라고 생각을 고정시키고 바라보면 전자는 파동이 아닌 입자가 되었다.

이것을 삶으로 비유해보자면 원하는 것에 우리의 생각을 고정시키고 사는 삶은 의식(입자)적인 삶이고, 생각 없이 지내는 삶은 무의식(파동)적인 삶이다. 그동안 우리가 생각하는 대로 삶이 흘러가지 않았던 가장 큰 이유는 우리가 '생각'하며 살고 있지 않았기 때문이다.

예를 들어, 우리는 아침에 일어나서 씻고, 옷 입고, 밥 먹고, 출근한다. 특별히 어떤 생각을 의식적으로 고정시키며 살아가지 않는다. 한마디로 자동반사적으로 움직이는 시간이 더 많다. 자동반사적인 삶이 가능한 이유는 반복적인 생각이나 행동 패턴들이 무의식에 각인되어 있기 때문이다.

우리가 원하는 '느낌'을 가지는 것이 어려운 이유도 우리의 무의식 속에 원하는 생각이 자리 잡혀있지 않기 때문이다. 그래서 처음에는 의식적으로라도 자꾸 내가 원하는 생각과 느낌을 고정시키려고 노력해야 한다. 그것이 반복되면 어느 순간 '만족감'이 무의식 속에 자연스럽게 스며드는 날이 온다.

100억 부자가 되고 싶으면, 이미 100억을 가지고 있다는 느낌에 생각을 고정시키면 된다. 하지만 현실과 이상의 차이가 너무

크면 금방 불안과 의심에 사로잡히게 된다. 그래서 우리는 점진적으로 느낌을 키워 가야 한다.

이는 명상을 통해서 연습할 수 있다. 명상으로 기존의 생각을 비우고, 그곳에 새로운 느낌을 심어보는 것이다.

문제는 생각을 비우기가 어렵다는 것이다. 명상을 하려고 앉으면 온갖 잡생각이 떠오른다. 기존의 관념이 가득찬 곳에 새로운 생각을 억지로 주입시키면, 이미 그림이 그려져 있는 도화지에 또 다른 그림을 그리는 것과 같다. 결과적으로 두 그림이 엉켜서 하나의 그림도 제대로 볼 수 없게 된다. 그러면 어떻게 해야 할까?

우선, 가만히 눈을 감고 앉아 생각이 떠오르면 떠오르는 대로 놔둔다. 그리고 떠오르는 생각들을 가만히 바라본다. 나 자신을 생각과 동일시하여 그 생각에 따라가는 것이 아니라, 한 발짝 물러서서 관찰자의 입장으로 그 모든 생각들을 그저 바라보는 것이다. 재미있는 사실은 무언가를 바라보면 바라봄을 당하는 대상은 경직된다는 것이다.

예를 들어, 길을 가다가 벌레를 마주할 경우 벌레가 갑자기 움직임을 멈추는 것을 본 적이 있을 것이다. 바로 그것과 같다. 사람도 누군가가 자신을 빤히 쳐다보면 하던 일을 자연스럽게 계속 하기 어려워진다. 생각도 마찬가지이다.

관찰자로서 자신의 생각을 바라보면 생각이 움직임을 멈추기 시작한다. 바로 그때 그 고요함 속에서 스스로 가지고 싶은 느낌을 떠올려보는 것이다.

물론 중간에 다른 생각이 끼어들 수 있다. 그러면 다시 그 생각을 바라보면 된다. 매일 이렇게 연습하다 보면 나와 생각이 분리되어 머릿속이 고요해지는 데에 그리 오랜 시간이 걸리지 않을 것이다.

현재 당신의 연봉이 3,000만 원이라면 재테크를 통해 연간 1억 원의 수입을 만드는 일이 불가능한 것만은 아니다. 본인 스스로 '이 정도는 가능할 것 같다'라는 구체적인 목표를 먼저 정해보자.

그리고는 내가 그 돈을 이미 가지고 있다고 느끼고, 그 돈으로 평소 하고 싶었던 일들을 상상 속에서 해보는 것이다. 단지 상상할 때 일어나는 즐거운 감정을 편안하게 느끼면 된다. 처음부터 불가능할 것 같은 목표를 세우면 내면에서 그 느낌이 가짜라고 계속 신호를 보내온다. 그럼 우리는 다시 의심과 불안의 나락으로 빠지게 된다.

무엇보다 중요한 것은 현실적으로 가능할 것 같은 목표부터 시작하는 것이다. 처음 정한 목표에 가까이 다가가면 그다음에는 2억, 5억, 10억 등으로 목표를 점차 높여가면 된다.

우리가 궁극적으로 바라는 것은 만족감이다. 어떤 종류의 만족감이라도 좋다. 만족감의 양을 늘려 '무의식'을 변화시켜 나가면 원하는 것이 이루어지는 기간을 좀 더 단축시킬 수 있다.

가장 좋은 실천 방법은 모든 상황에서 감사하는 것이다. 내 삶에 감사할 일을 찾아보고, 그것에 진심으로 감사하며 만족을 느껴보는 것이다. 만족할 줄 아는 사람에게는 더 크게 만족할 수 있는 상황이 찾아온다.

무의식은 그 안에 주입되어 믿음을 외부로 펼쳐낸다.

예를 들어, 내가 여자라면 여자 옷을 사 입는다. 내가 여자라는 당연한 앎이 현실에서 그에 마땅한 행동을 하게 만드는 것이다. 그리고 다른 모든 사람들과 상황들 역시 그런 '앎'에 합당하게 나를 대우한다.

지금까지 이야기한 사고와 행동의 순환 사이클을 바꾸는 방법을 정리하면 다음과 같다.

1단계: 생각하는 대로 이루어진다는 사실을 믿어라

모든 것은 생각하는 대로 이루어진다. 이것은 희망을 말하는 것이 아니다. 여러 과학 실험을 통해 증명된, 근거가 있는 사실이다. 세상의 모든 물질은 에너지로 이루어져 있다. 그 에너지를 이루는 최소 단위인 미립자는 우리가 생각하고 바라보는 대로 변화한다.

그러므로 생각을 조심하자. 무분별하게 떠오르는 생각에 휩쓸려 살아가지 말고, 내가 원하는 생각에 집중하는 연습을 하자. 내가 원하는 생각이 무의식을 지배하게 되면, 나의 현실은 결국 그 확신대로 펼쳐지게 될 것이다.

2단계: 불가능하다는 생각이 든다면 플랜 B를 세워라

원하는 것이 불가능하다는 생각이 든다면 플랜 B를 세워보자. 내가 원하는 A가 꼭 이루어지지 않더라도 '플랜B'가 있다는 생각을 가지면 불안감이 줄어든다. 그 결과, 본래의 목표에 부담 없이 몰입할 수 있게 된다.

성공하려면 간절해야 한다고 하지만, 사실은 간절할수록 원하는 목표에서 멀어진다. 그것이 이루어지지 않으면 안 된다는 강박 때문에 불안감이 커진다. 즉, 내가 지배적으로 하는 생각이 '불안'이 되는 것이다. 바로 앞서 이야기한 것처럼 모든 것은 생각하는 대로 이루어진다. 그러니 나의 생각이 불안으로 채워지지 않으려면 '마음의 여유'가 반드시 필요하다.

3단계: '이미 가졌다'라는 만족의 느낌을 느껴라

원하는 것을 생각할 때에는 그것을 '원한다'라고 생각하지 말고, '이미 가졌다'라고 생각하자. 무언가를 원하는 이유는 아직 그것이 없기 때문이다.

그것을 '원한다'라는 생각은 '결핍'을 느끼게 한다. 반면 '이미 가졌다'라는 생각은 '만족'을 느끼게 한다. 내가 만족의 느낌을 지니면, 나와 내 주변을 이루고 있는 미립자들이 그 느낌에 합당한 상황들을 만들어낸다.

하지만 느낌은 억지로 만들어낼 수 없다. 뇌를 속일 수는 있지만 무의식까지 속일 수는 없다. 명상을 통해 무의식을 속이지 않고 새로운 느낌을 가지는 연습을 할 수 있다. 떠오르는 생각들과 하나가 되어 휩쓸리지 말고, 관찰자의 입장으로 그 생각들을 있는 그대로 바라본다. 계속해서 바라보다 보면 어느 순간 생각이 멈추는 지점이 온다. 그 고요함 속에 내가 원하는 느낌을 즐거운 마음으로 새로이 채워보는 것이다.

4단계: 감사하라. 감사가 쌓이면 만족스런 현실이 계속된다

이미 가졌다는 만족감을 얻기 위해 평소 사소한 것에 감사하는 습관을 가져보자. 나의 무의식에 만족감의 데이터가 쌓이면 쌓일수록 현실에서는 만족할만한 상황이 계속 나타날 것이다.

이미 가지고 있는 것을 의식적으로 생각해보자. 건강한 신체, 재테크 공부를 할 수 있는 두뇌, 생계 수입을 얻게 해주는 직장, 먹고 잘 수 있는 공간 등등. 더 좋은 것을 가지지 못했다는 '결핍'에 집중하는 것이 아니라, '이미' 가지고 있어서 내가 살아가는 데에 도움이 되는 고마운 것들을 하나씩 되짚어보는 것이다.

이런 연습을 통해 무의식 속 만족감을 차곡차곡 쌓아나가면, 나의 지배적인 생각이 '만족'하는 느낌이 되어 분명히 달라진 현실을 만나게 될 것이다.

재테크, 소중한 것을
지킬 수 있는 힘!

이 책의 마지막 장을 부자들의 생각법으로 채운 이유는 '실천'이 중요하기 때문이다. 오랜 시간 재테크 강의를 하면서 가장 안타까웠던 점은 아무리 자산 관리 방법과 투자 공부법에 대해 끊임없이 이야기해도 실제로 배운 것을 실천하는 사람은 많지 않았다는 것이다.

분명 의지를 가지고 재테크 강의를 들으러 왔을텐데 왜 실천하지 않을까? 고민에 고민을 거듭했다. 결국 마인드셋(mindset)의 문제라는 결론을 얻었다.

아는 것을 실천하게 만드는 힘은 머릿속 지식이 아니다. 오히려 내가 원하는 것을 이룰 수 있다고 믿는 마음이다. 지금 나의 모습은 내가 과거에 해왔던 생각들이 만들어낸 현실이다. 현재 내 모습이 만족스럽지 못한 사람들은 '어차피 나는 해도 안 된다'라는 과

거의 데이터가 무의식에 심어져 있다.

따라서 무의식을 바꾸는 마인드셋이 선행되지 않는 공부는, 분야를 불문하고 아무 효과가 없다는 걸 깨닫게 되었다.

재테크의 목표를 가지는 것(1단계), 현재 상태를 인지하고 변화시키는 것(2단계), 그래서 지속적으로 공부하고 투자하는 것(3단계), 그리고 생각의 힘으로 결국 모든 것을 가능케 하는 것(4단계). 재테크를 결심한 이들에게는 이 모든 과정이 중요하다.

이 4단계가 조화롭게 이루어질 때, 우리는 재테크에 대한 막연함에서 벗어나 조금씩 성과를 내는 진짜 재테크를 시작할 수 있을 것이다. 나는 우연한 기회로 재테크 강사가 된 덕분에 재테크의 4단계를 깨닫게 되었고, 이제는 돈에 대한 불안감에서 한층 자유로워졌다.

세상에 나의 이름이 쓰인 책이 출간되면 마냥 기쁠 거라고 생각했다. 막상 그 현실을 마주하니 기쁨보다는 두려움이 더 커진다. 정답도 없고 모든 것이 변하는 세상 속에서, 이제 나의 이야기들은 자연스럽게 흘러가지 못하고 활자로 박제되어 버릴 것이기 때문이다.

그럼에도 불구하고 용기를 낼 수 있었던 것은 내가 거저 얻은 기회를 조금이나마 나누어보려는 마음 때문이다.

내가 불안했던 이유와 마찬가지로, 사람들이 불안한 이유의 핵심도 '돈'이라고 생각한다. 당장 몇십억 부자가 되지는 못하더라도, 현재보다 여유로운 삶을 꾸려갈 수 있는 기회는 누구에게나 열려있다는 이야기를 하고 싶었다.

인간이 늘 만족하지 못하고 수시로 불안한 데에는 돈보다 더 근본적인 요인들이 있다고 생각한다. 그래서 이제는 재테크를 넘어, 조금 더 본질적인 요인들에 대해 공부하고 이야기하는 사람이 되고 싶다.

재테크 강사로 활동한 시간과 경험이 나를 재정적으로나 내면적으로 크게 성장시켜주었다. 나만 알고 지나가 버리기에는 아까운 자원이라는 생각에 한 권의 책으로 담았다.

감히 바라건대, 독자 여러분에게 이 책이 두려움의 문턱에서 한 걸음 떼어 앞으로 나아갈 수 있는 힘의 원천이 되었으면 좋겠다. 나의 고민이 여러분의 고민과 맞닿아 삶에 시너지를 일으킬 수 있다면 더 바랄 것이 없겠다.

'부'의 기준은 각자마다 다르다. 중요한 것은 우리가 자신만의 '부'를 이루는 방법으로 재테크를 선택했다는 것이다. 재테크는 단순한 투자 행위가 아니라 현재의 나를 직시하는 것으로부터 시작된다는 것을 기억하자. 그렇게 '지금의 나'로부터 부를 일구어가기 시작한다면 우리는 결국 재테크에 성공할 것이다. 그렇게 우리는 우리가 원하는 부자의 반열에 오르게 될 것이다.

이 자원이 책의 형태로 세상에 나올 수 있도록 처음부터 끝까지 애써주신 21세기북스 장인서 팀장님께 진심으로 감사의 마음을 전한다. 기쁠 때나 슬플 때나 함께하며 항상 서로를 응원해주는 나의 친구 수현, 준우, 문선, 미진, 그리고 언제나 무한한 믿음과 이루 말할 수 없이 큰 사랑을 내어 주는 부모님, 동생, 그리고 용학에게도 커다란 감사와 사랑을 전하고 싶다. 이토록 소중한 사람들이 내 곁에 있었기에 삶의 어려운 여정 속에서도 주저하지 않고 나아갈 수 있었다.

• 참고 문헌 •

게이 헨드릭스, 잭 캔필드, 《내 인생을 바꾼 한 권의 책》, 리더스북, 2013.
고야마 카리코, 《만화로 읽는 피케티의 21세기 자본》, 스타북스, 2015.
곤도 마리에, 《인생이 빛나는 정리의 마법》, 더난출판사, 2012.
김상운, 《왓칭》, 정신세계사, 2011.
김승호, 《돈의 속성》, 스노우폭스북스, 2020.
도모노 노리오, 《행동경제학》, 지형, 2007.
레이 달리오, 《원칙》, 한빛비즈, 2018.
로버트 기요사키, 《부자 아빠 가난한 아빠》, 황금가지, 2002.
미즈노 남보쿠, 《절제의 성공학》, 바람, 2005.
보도 섀퍼, 《보도 섀퍼의 돈》, 북플러스, 2011.
손무, 《손자병법》, 책세상, 1999.
엠제이 드마코, 《부의 추월차선》, 토트, 2013.
월러스 워틀스, 《부자의 법칙》, 동방미디어, 2003.
이상건, 《부자들의 생각을 읽는다》, 비아북, 2008.
이서윤, 홍주연, 《더 해빙》, 수오서재, 2020.
이즈미 마사토, 《돈이란 무엇인가》, 오리진하우스, 2017.
EBS 자본주의 제작팀, 《EBS 다큐프라임 자본주의》, 가나출판사, 2013.
짐 로저스, 《짐 로저스의 스트리트 스마트》, 이레미디어, 2019.
최진석, 《인간이 그리는 무늬》, 소나무, 2013.
카메다 준이치로, 《부자들은 왜 장지갑을 쓸까》, 21세기북스, 2011.
카밀로, 《시크릿을 깨닫다》, 정신세계사, 2019.
캐서린 폰더, 《부의 법칙》, 국일미디어, 2003.
KBS 공부하는 인간 제작팀, 《공부하는 인간》, 예담, 2013.
콜린 캠벨, 토마스 캠벨, 《무엇을 먹을 것인가》, 열린과학, 2012.
토마 피케티, 《21세기 자본》, 글항아리, 2014.
톰 콜리, 《습관이 답이다》, 이터, 2018.
황희철, 《페이고 가계부》, 서울교육연구소, 2016.

"개미 올해 증시에 100조 원 샀다", 〈매일경제〉, 2020. 09. 18.

"신용대출 열흘 새 또 1조 늘었다", 〈매일경제〉, 2020. 09. 14.

"문화체육관광부 2019년 국민독서실태조사",
　　https://www.mcst.go.kr/kor/s_policy/dept/deptView.jsp?pDataCD=040600
　　0000&pSeq=1776

"보험연구원 연구보고서",
　　http://kiss.kstudy.com/thesis/thesis-view.asp?key=3641989

"한국 1인당 평균 보험료",
　　http://www.msnews.co.kr/news/articleView.html?idxno=79828

"KB경영연구소 한국부자보고서",
　　https://www.kbfg.com/kbresearch/report/reportList.do

KI신서 9614

생애 첫 재테크 수업

1판 1쇄 인쇄 2021년 4월 28일
1판 1쇄 발행 2021년 5월 6일

지은이 방지연
펴낸이 김영곤
펴낸곳 (주)북이십일 21세기북스

콘텐츠개발팀장 장인서
영업팀 한충희 김한성
제작팀 이영민 권경민
디자인 design S

출판등록 2000년 5월 6일 제406-2003-061호
주소 (10881) 경기도 파주시 회동길 201(문발동)
대표전화 031-955-2100 **팩스** 031-955-2151 **이메일** book21@book21.co.kr

(주)북이십일 경계를 허무는 콘텐츠 리더

21세기북스 채널에서 도서 정보와 다양한 영상저료, 이벤트를 만나세요!
페이스북 facebook.com/21cbooks **포스트** post.naver.com/21c_editors
인스타그램 instagram.com/jiinpill21 **홈페이지** www.book21.com
유튜브 www.youtube.com/book21pub

서울대 가지 않아도 들을 수 있는 명강의! 〈서가명강〉
네이버 오디오클립, 팟빵, 팟캐스트에서 '서가명강'을 검색해보세요!

ⓒ 방지연, 2021

ISBN 978-89-509-9457-0 03320